Ivan Koesjnir

Economie van de Sovjet-Unie

Serie "Economie in landen"

eerst gepubliceerd: 2021
laatst bijgewerkt: 2021-02-02

Ivan Koesjnir. Economie van de Sovjet-Unie. Serie "Economie in landen". - 2021. - 47 pages.

Dit boek over de economie van de Sovjet-Unie van de jaren 1970 tot de jaren 1980. Brongegevens uit UN Data.

Grootte. In de jaren 1980 was het bruto binnenlands product van de Sovjet-Unie gelijk aan US$887,0 miljard per jaar; de waarde van de landbouw was US$125,8 miljard; de waarde van de industrie was US$305,7 miljard. Aangezien het aandeel in de wereld tussen de 1% en 10% ligt, wordt het land geclassificeerd als regionaal leider.

Productiviteit. In de jaren 1980 bedroeg het bruto binnenlands product per hoofd van de bevolking $3.222,9, de waarde van de landbouw per hoofd $457,2, de waarde van de industrie per hoofd $1.110,8. Omdat de productiviteit tussen het gemiddelde en het gemiddelde boven het gemiddelde ligt, wordt de economie geclassificeerd als ontwikkeld.

Groei. In de jaren 1980 bedroeg de groei van het bruto binnenlands product 4,3%; de groei van de landbouw was 2,8%; de groei van de industrie was 5,3%.

Structuur. In de jaren 1980 omvatte de economie van de Sovjet-Unie: industrie (34,5%), diensten (26,1%), landbouw (14,2%), handel (12,7%), constructie (8,1%) en transport (4,4%).

Serie "Economie in landen": parallel.page.link/nl

ISBN: 9798702630885

Inhoud

Part I. Grootte   4

    Hoofdstuk I. Bruto binnenlands product   5

    Hoofdstuk II. Toegevoegde waarde   8

    Hoofdstuk III. Bruto nationaal inkomen   11

Part II. Structuur   14

    Hoofdstuk IV. Landbouw   15

    Hoofdstuk V. Industrie   18

        Hoofdstuk 5.1. Fabricage   21

    Hoofdstuk VI. Constructie   24

    Hoofdstuk VII. Vervoer   27

    Hoofdstuk VIII. Handel   30

    Hoofdstuk IX. Diensten   33

Part III. Verbruik   36

    Hoofdstuk X. Overheidsuitgaven   37

    Hoofdstuk XI. Huishoudelijke uitgaven   40

    Hoofdstuk XII. Voedsel consumptie   43

Part IV. Reproductie   44

    Hoofdstuk XIII. Bruto-investeringen in vaste activa   45

Part I. Grootte

	de jaren 1980
BBP	US$887,0 miljard
Het aandeel in de wereld	5,9%
Het aandeel in Europa	16,4%
Het aandeel in Oost-Europa	80,3%

Hoofdstuk I. Bruto binnenlands product

Het BBP van de Sovjet-Unie steeg van US$649,4 miljard per jaar in de jaren 1970 tot US$887,0 miljard per jaar in de jaren 1980, dat wil zeggen met US$237,6 miljard of 36,6%. De verandering vond plaats op -US$128,1 miljard als gevolg van een 1,1-voudige daling van de prijzen, en ook op US$306,5 miljard als gevolg van een 1,4-voudige toename van de productiviteit , evenals op US$59,3 miljard als gevolg van de toename van de bevolking. De gemiddelde jaarlijkse groei van het bruto binnenlands product is 4,7%. De minimumwaarde van het BBP bedroeg US$433,4 miljard in 1970. De maximumwaarde van het BBP bedroeg US$993,0 miljard in 1983.

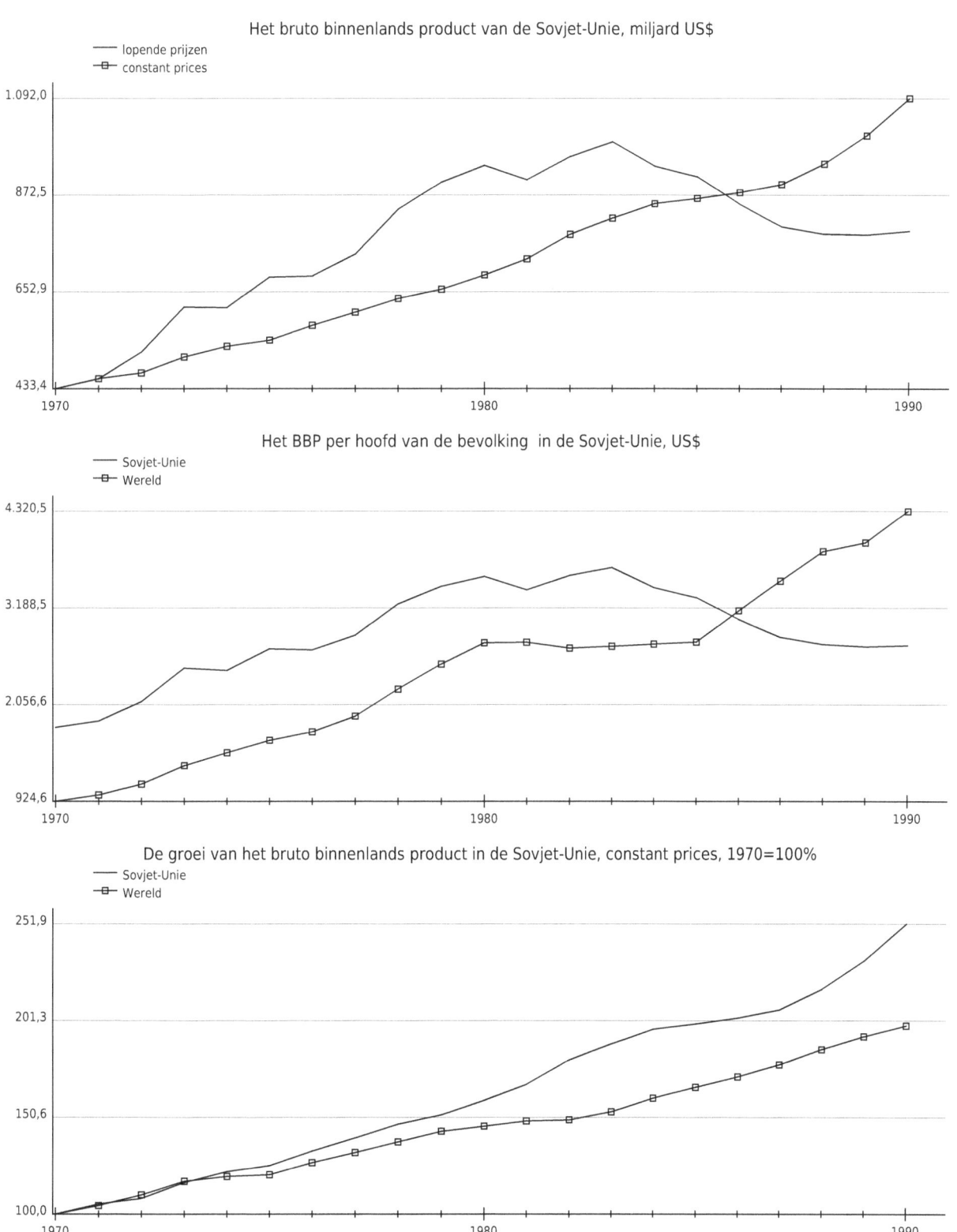

Het bruto binnenlands product van de Sovjet-Unie, miljard US$

Het BBP per hoofd van de bevolking in de Sovjet-Unie, US$

De groei van het bruto binnenlands product in de Sovjet-Unie, constant prices, 1970=100%

de jaren 1970

Het bruto binnenlands product van de Sovjet-Unie bedroeg in de jaren 1970 US$649,4 miljard per jaar, stond op de 2e plaats in de wereld. Het aandeel in de wereld was 9,9%, en 24,2% in Europa.

Het bruto binnenlands product van de Sovjet-Unie bestond uit: huishoudelijke uitgaven (47,8%), kapitaalvorming (33,0%) en overheidsuitgaven (18,1%).

Het BBP per hoofd in de Sovjet-Unie was $2.574,9 in de jaren 1970s, stond op de 47e plaats in de wereld, en was vergelijkbaar met Hongkong (US$2,6 duizend). Het bruto binnenlands product per hoofd in de Sovjet-Unie was 58,9% hoger dan het bruto binnenlands product per hoofd van de bevolking in de wereld ($1.620,8), en was 30,3% lager dan het bruto binnenlands product per hoofd van de bevolking in Europa ($1.620,8).

De groei van het BBP in de Sovjet-Unie bedroeg 4.8% in de jaren 1970, stond op de 77e plaats in de wereld, en was vergelijkbaar met Trinidad en Tobago (4,7%), Noorwegen (4,7%), Tsjecho-Slowakije (4,7%). De groei van het bruto binnenlands product in de Sovjet-Unie (4,8%) was groter dan de groei van het bruto binnenlands product in de wereld (4,1%), was groter dan de groei van het bruto binnenlands product in Europa (3,6%).

Vergelijking met buren. Het BBP van de Sovjet-Unie was groter dan in Japan (US$558,0 miljard), in China (US$156,3 miljard), in India (US$100,0 miljard), in Turkije (US$60,8 miljard), in Polen (US$49,0 miljard), in Tsjecho-Slowakije (US$28,2 miljard), in Finland (US$25,7 miljard) en in Roemenië (US$23,1 miljard). Het BBP per hoofd in de Sovjet-Unie was groter dan in Tsjecho-Slowakije (US$1.905,1), in Turkije (US$1.563,7), in Polen (US$1.448,3), in Roemenië (US$1.074,4), in China (US$171,0) en in India (US$162,0); maar minder dan in Finland (US$5,5 duizend) en in Japan (US$5,0 duizend). De groei van het bruto binnenlands product in de Sovjet-Unie was groter dan in Tsjecho-Slowakije (4,7%), in Japan (4,6%), in Finland (3,6%) en in India (2,6%); maar minder dan in Roemenië (10,0%), in China (6,0%), in Polen (5,9%) en in Turkije (4,8%).

Vergelijking met leiders. Het BBP van de Sovjet-Unie was groter dan in Japan (US$558,0 miljard), in Duitsland (US$484,2 miljard), in Frankrijk (US$333,2 miljard) en in het Verenigd Koninkrijk (US$236,0 miljard); maar minder dan in de Verenigde Staten (US$1,7 biljoen). Het bruto binnenlands product per hoofd in de Sovjet-Unie was minder dan in de Verenigde Staten (US$7,8 duizend), in Frankrijk (US$6,2 duizend), in Duitsland (US$6,1 duizend), in Japan (US$5,0 duizend) en in het Verenigd Koninkrijk (US$4,2 duizend). De groei van het bruto binnenlands product in de Sovjet-Unie was groter dan in Japan (4,6%), in Frankrijk (3,9%), in de Verenigde Staten (3,5%), in Duitsland (3,1%) en in het Verenigd Koninkrijk (2,6%).

de jaren 1980

Het BBP van de Sovjet-Unie bedroeg in de jaren 1980 US$887,0 miljard per jaar, stond op de 4e plaats in de wereld. Het aandeel in de wereld was 5,9%, en 16,4% in Europa.

Het BBP van de Sovjet-Unie bestond uit: huishoudelijke uitgaven (47,9%), kapitaalvorming (30,6%) en overheidsuitgaven (20,4%).

Het bruto binnenlands product per hoofd in de Sovjet-Unie was $3.222,9 in de jaren 1980s, stond op de 64e plaats in de wereld, en was vergelijkbaar met Suriname (US$3,2 duizend). Het BBP per hoofd in de Sovjet-Unie was 3,2% hoger dan het bruto binnenlands product per hoofd van de bevolking in de wereld ($3.123,4), en was in 2,2 keer lager dan het bruto binnenlands product per hoofd van de bevolking in Europa ($3.123,4).

De groei van het bruto binnenlands product in de Sovjet-Unie bedroeg 4.3% in de jaren 1980, stond op de 45e plaats in de wereld, en was vergelijkbaar met Mauritius (4,3%), Belize (4,3%), Japan (4,3%). De groei van het BBP in de Sovjet-Unie (4,3%) was groter dan de groei van het bruto binnenlands product in de wereld (3,0%), was groter dan de groei van het BBP in Europa (2,5%).

Vergelijking met buren. Het BBP van de Sovjet-Unie was 2,7 keer groter dan in China (US$330,0 miljard), 3,7 keer groter dan in India (US$241,0 miljard), 8,5 keer groter dan in Turkije (US$103,9 miljard), 12,5 keer groter dan in Polen (US$71,2 miljard), 12,5 keer groter dan in Finland (US$71,2 miljard), 16,9 keer groter dan in Tsjecho-Slowakije (US$52,5 miljard) en 17,4 keer groter dan in Roemenië (US$50,9 miljard); maar 2,0 keer minder dan in Japan (US$1,8 biljoen). Het BBP per hoofd in de Sovjet-Unie was 45,8% groter dan in Roemenië (US$2,2 duizend), 50,6% groter dan in Turkije (US$2,1 duizend), 66,7% groter dan in Polen (US$1.932,9), 10,4 keer groter dan in India (US$310,5) en 10,5 keer groter dan in China (US$307,7); maar 4,6 keer minder dan in Japan (US$15,0 duizend), 4,5 keer minder dan in Finland (US$14,6 duizend) en 5,0% minder dan in Tsjecho-Slowakije (US$3,4 duizend). De groei van het BBP in de Sovjet-Unie was groter dan in Japan (4,3%), in Turkije (4,0%), in Finland (3,6%), in Tsjecho-Slowakije (1,9%), in Roemenië (1,7%) en in Polen (0,32%); maar minder dan in China (9,7%) en in India (5,7%).

Vergelijking met leiders. Het BBP van de Sovjet-Unie was 21,6% groter dan in Frankrijk (US$729,5 miljard) en 42,0% groter dan in het Verenigd Koninkrijk (US$624,5 miljard); maar 4,7 keer minder dan in de Verenigde Staten (US$4,2 biljoen), 2,0 keer minder dan in Japan (US$1,8 biljoen) en 10,4% minder dan in Duitsland (US$990,0 miljard). Het BBP per hoofd in de Sovjet-Unie was 5,4 keer minder dan in de Verenigde Staten (US$17,4 duizend), 4,6 keer minder dan in Japan (US$15,0 duizend), 4,0 keer minder dan in Frankrijk (US$12,9 duizend), 3,9 keer minder dan in Duitsland (US$12,7 duizend) en 3,4 keer minder dan in het Verenigd Koninkrijk (US$11,1 duizend). De groei van het BBP in de Sovjet-Unie was groter dan in Japan (4,3%), in de Verenigde Staten (3,1%), in het Verenigd Koninkrijk (2,6%), in Frankrijk (2,3%) en in Duitsland (1,9%).

Hoofdstuk II. Toegevoegde waarde

De toegevoegde waarde van de Sovjet-Unie steeg van US$649,4 miljard per jaar in de jaren 1970 tot US$887,0 miljard per jaar in de jaren 1980, dat wil zeggen met US$237,6 miljard of 36,6%. De verandering vond plaats op -US$128,1 miljard als gevolg van een 1,1-voudige daling van de prijzen, en ook op US$306,5 miljard als gevolg van een 1,4-voudige toename van de productiviteit , evenals op US$59,3 miljard als gevolg van de toename van de bevolking. De gemiddelde jaarlijkse groei van de toegevoegde waarde is 4,7%. De minimumwaarde van de toegevoegde waarde bedroeg US$433,4 miljard in 1970. De maximumwaarde van de toegevoegde waarde bedroeg US$993,0 miljard in 1983.

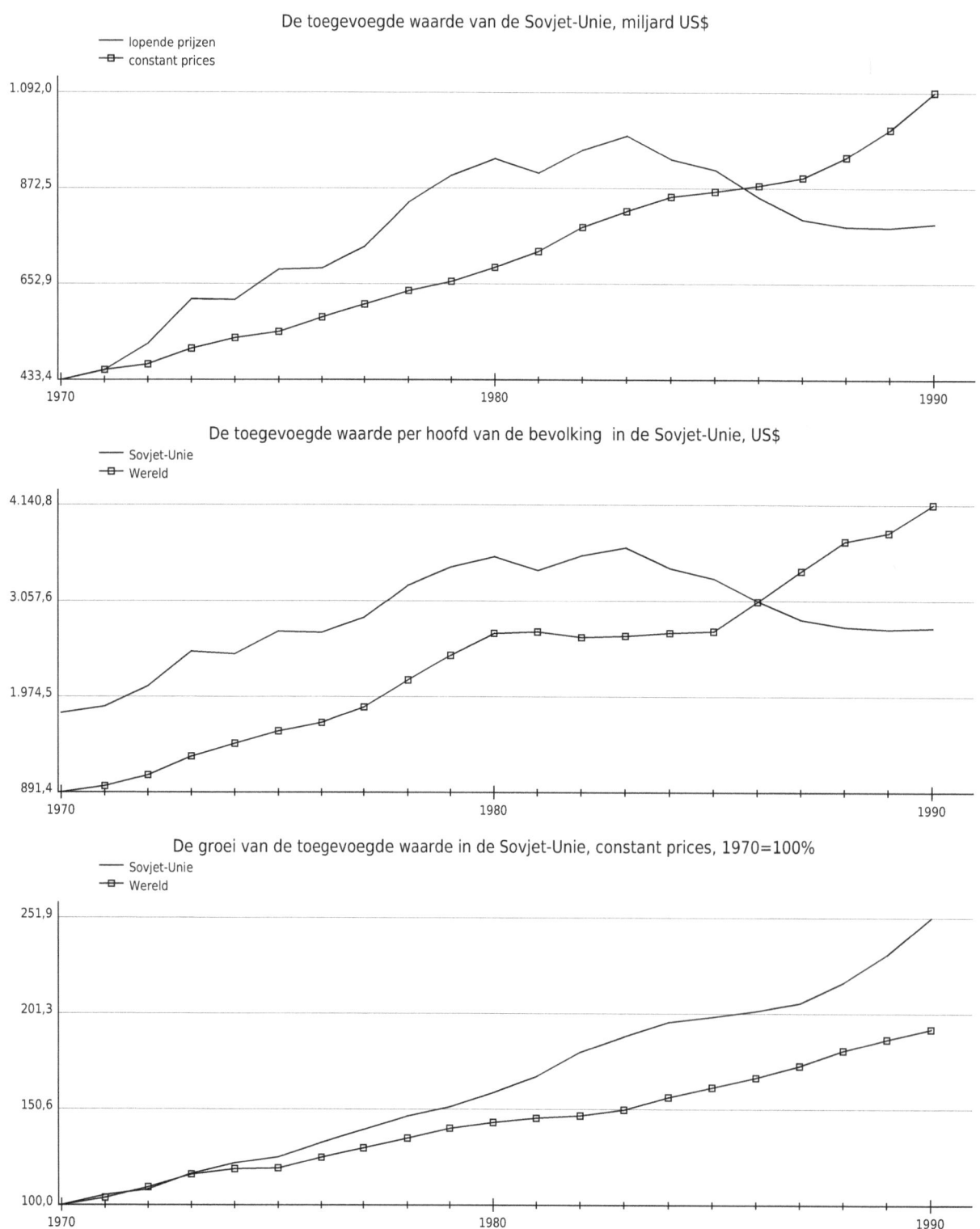

De toegevoegde waarde van de Sovjet-Unie, miljard US$
— lopende prijzen
—□— constant prices

De toegevoegde waarde per hoofd van de bevolking in de Sovjet-Unie, US$
— Sovjet-Unie
—□— Wereld

De groei van de toegevoegde waarde in de Sovjet-Unie, constant prices, 1970=100%
— Sovjet-Unie
—□— Wereld

de jaren 1970

De toegevoegde waarde van de Sovjet-Unie bedroeg in de jaren 1970 US$649,4 miljard per jaar, stond op de 2e plaats in de wereld. Het aandeel in de wereld was 10,3%, en 25,5% in Europa.

De totale toegevoegde waarde van de Sovjet-Unie bestond uit: industrie (38,3%), diensten (25,9%), landbouw (13,7%), handel (9,6%), bouw (8,1%) en transport (4,4%).

De toegevoegde waarde per hoofd in de Sovjet-Unie was $2.574,9 in de jaren 1970s, stond op de 46e plaats in de wereld, en was vergelijkbaar met Hongkong (US$2,5 duizend). De toegevoegde waarde per hoofd in de Sovjet-Unie was 64,6% hoger dan de toegevoegde waarde per hoofd van de bevolking in de wereld ($1.564,4), en was 26,6% lager dan de toegevoegde waarde per hoofd van de bevolking in Europa ($1.564,4).

De groei van de toegevoegde waarde in de Sovjet-Unie bedroeg 4.8% in de jaren 1970, stond op de 79e plaats in de wereld, en was vergelijkbaar met Tsjecho-Slowakije (4,7%), Fiji (4,8%). De groei van de toegevoegde waarde in de Sovjet-Unie (4,8%) was groter dan de groei van de toegevoegde waarde in de wereld (3,9%), was groter dan de groei van de toegevoegde waarde in Europa (3,4%).

Vergelijking met buren. De toegevoegde waarde van de Sovjet-Unie was groter dan in Japan (US$545,3 miljard), in China (US$156,3 miljard), in India (US$90,5 miljard), in Turkije (US$52,3 miljard), in Polen (US$48,7 miljard), in Tsjecho-Slowakije (US$28,2 miljard), in Finland (US$23,1 miljard) en in Roemenië (US$22,0 miljard). De toegevoegde waarde per hoofd in de Sovjet-Unie was groter dan in Tsjecho-Slowakije (US$1.905,1), in Polen (US$1.436,5), in Turkije (US$1.345,5), in Roemenië (US$1.023,3), in China (US$171,0) en in India (US$146,6); maar minder dan in Finland (US$4,9 duizend) en in Japan (US$4,9 duizend). De groei van de toegevoegde waarde in de Sovjet-Unie was groter dan in Tsjecho-Slowakije (4,7%), in China (4,7%), in Turkije (4,7%), in Finland (3,5%) en in India (2,4%); maar minder dan in Roemenië (9,8%), in Polen (6,0%) en in Japan (4,9%).

Vergelijking met leiders. De toegevoegde waarde van de Sovjet-Unie was groter dan in Japan (US$545,3 miljard), in Duitsland (US$444,9 miljard), in Frankrijk (US$297,3 miljard) en in het Verenigd Koninkrijk (US$245,7 miljard); maar minder dan in de Verenigde Staten (US$1,7 biljoen). De toegevoegde waarde per hoofd in de Sovjet-Unie was minder dan in de Verenigde Staten (US$7,8 duizend), in Duitsland (US$5,7 duizend), in Frankrijk (US$5,5 duizend), in Japan (US$4,9 duizend) en in het Verenigd Koninkrijk (US$4,4 duizend). De groei van de toegevoegde waarde in de Sovjet-Unie was groter dan in Frankrijk (3,7%), in Duitsland (3,1%), in de Verenigde Staten (2,9%) en in het Verenigd Koninkrijk (2,0%); maar minder dan in Japan (4,9%).

de jaren 1980

De toegevoegde waarde van de Sovjet-Unie bedroeg in de jaren 1980 US$887,0 miljard per jaar, stond op de 4e plaats in de wereld, en was vergelijkbaar met Duitsland (US$907,0 miljard). Het aandeel in de wereld was 6,1%, en 17,4% in Europa.

De totale toegevoegde waarde van de Sovjet-Unie bestond uit: industrie (34,5%), diensten (26,1%), landbouw (14,2%), handel (12,7%), constructie (8,1%) en transport (4,4%).

De toegevoegde waarde per hoofd in de Sovjet-Unie was $3.222,9 in de jaren 1980s, stond op de 62e plaats in de wereld. De toegevoegde waarde per hoofd in de Sovjet-Unie was 6,4% hoger dan de toegevoegde waarde per hoofd van de bevolking in de wereld ($3.029,9), en was in 2,1 keer lager dan de toegevoegde waarde per hoofd van de bevolking in Europa ($3.029,9).

De groei van de toegevoegde waarde in de Sovjet-Unie bedroeg 4.3% in de jaren 1980, stond op de 45e plaats in de wereld, en was vergelijkbaar met Azië (4,3%). De groei van de toegevoegde waarde in de Sovjet-Unie (4,3%) was groter dan de groei van de toegevoegde waarde in de wereld (2,9%), was groter dan de groei van de toegevoegde waarde in Europa (2,6%).

Vergelijking met buren. De toegevoegde waarde van de Sovjet-Unie was 2,7 keer groter dan in China (US$330,0 miljard), 4,2 keer groter dan in India (US$212,0 miljard), 9,5 keer groter dan in Turkije (US$92,9 miljard), 12,6 keer groter dan in Polen (US$70,6 miljard), 14,2 keer groter dan in Finland (US$62,4 miljard), 16,9 keer groter dan in Tsjecho-Slowakije (US$52,5 miljard) en 19,3 keer groter dan in Roemenië (US$45,8 miljard); maar 2,0 keer minder dan in Japan (US$1,8 biljoen). De toegevoegde waarde per hoofd in de Sovjet-Unie was 62,0% groter dan in Roemenië (US$1.989,3), 68,2% groter dan in Polen (US$1.916,2), 68,4% groter dan in Turkije (US$1.913,9), 10,5 keer groter dan in China (US$307,7) en 11,8 keer groter dan in India (US$273,2); maar 4,6 keer minder dan in Japan (US$14,8 duizend), 4,0 keer minder dan in Finland (US$12,8 duizend) en 5,0% minder dan in Tsjecho-Slowakije (US$3,4 duizend). De groei van de toegevoegde waarde in de Sovjet-Unie was groter dan in Japan (4,2%), in Turkije (3,6%), in Finland (3,6%), in Tsjecho-Slowakije (1,9%), in Roemenië (0,93%) en in Polen (0,55%); maar minder dan in China (9,4%) en in India (5,8%).

Vergelijking met leiders. De toegevoegde waarde van de Sovjet-Unie was 36,3% groter dan in Frankrijk (US$650,9 miljard) en 42,7% groter dan in het Verenigd Koninkrijk (US$621,5 miljard); maar 4,7 keer minder dan in de Verenigde Staten (US$4,2 biljoen), 2,0 keer minder dan in Japan (US$1,8 biljoen) en 2,2% minder dan in Duitsland (US$907,0 miljard). De toegevoegde waarde per hoofd in de Sovjet-Unie was 5,4 keer minder dan in de Verenigde Staten (US$17,4 duizend), 4,6 keer minder dan in Japan (US$14,8 duizend), 3,6 keer minder dan in Duitsland (US$11,6 duizend), 3,6 keer minder dan in Frankrijk (US$11,5 duizend) en 3,4 keer minder dan in het Verenigd Koninkrijk (US$11,0 duizend). De groei van de toegevoegde waarde in de Sovjet-Unie was groter dan in Japan (4,2%), in de Verenigde Staten (2,8%), in het Verenigd Koninkrijk (2,8%), in Frankrijk (2,2%) en in Duitsland (2,0%).

Hoofdstuk III. Bruto nationaal inkomen

Het bruto nationaal inkomen van de Sovjet-Unie steeg van US$649,4 miljard per jaar in de jaren 1970 tot US$887,0 miljard per jaar in de jaren 1980, dat wil zeggen met US$237,6 miljard of 36,6%. De verandering vond plaats op -US$128,1 miljard als gevolg van een 1,1-voudige daling van de prijzen, en ook op US$306,5 miljard als gevolg van een 1,4-voudige toename van de productiviteit , evenals op US$59,3 miljard als gevolg van de toename van de bevolking. De gemiddelde jaarlijkse groei van het bruto nationaal inkomen is 4,7%. De minimumwaarde van het bruto nationaal inkomen bedroeg US$433,4 miljard in 1970. De maximumwaarde van het BNI bedroeg US$993,0 miljard in 1983.

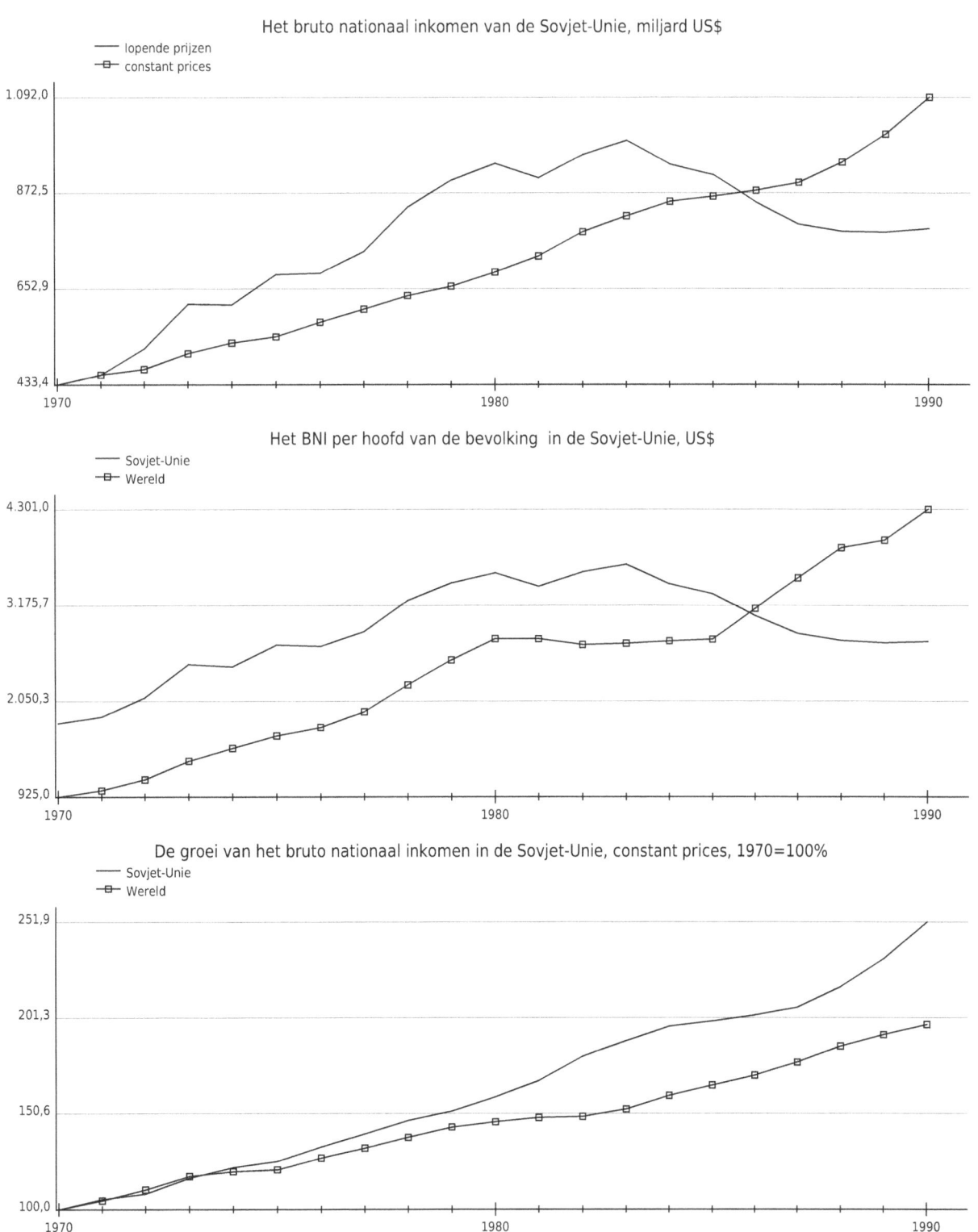

Het bruto nationaal inkomen van de Sovjet-Unie, miljard US$

Het BNI per hoofd van de bevolking in de Sovjet-Unie, US$

De groei van het bruto nationaal inkomen in de Sovjet-Unie, constant prices, 1970=100%

de jaren 1970

Het bruto nationaal inkomen van de Sovjet-Unie bedroeg in de jaren 1970 US$649,4 miljard per jaar, stond op de 2e plaats in de wereld. Het aandeel in de wereld was 9,9%, en 24,0% in Europa.

Het bruto nationaal inkomen per hoofd in de Sovjet-Unie was $2.574,9 in de jaren 1970s, stond op de 45e plaats in de wereld, en was vergelijkbaar met Hongkong (US$2,6 duizend), Puerto Rico (US$2,5 duizend). Het bruto nationaal inkomen per hoofd in de Sovjet-Unie was 58,5% hoger dan het bruto nationaal inkomen per hoofd van de bevolking in de wereld ($1.624,3), en was 31,0% lager dan het bruto nationaal inkomen per hoofd van de bevolking in Europa ($1.624,3).

De groei van het BNI in de Sovjet-Unie bedroeg 4.8% in de jaren 1970, stond op de 80e plaats in de wereld, en was vergelijkbaar met Tsjecho-Slowakije (4,7%). De groei van het bruto nationaal inkomen in de Sovjet-Unie (4,8%) was groter dan de groei van het bruto nationaal inkomen in de wereld (4,1%), was groter dan de groei van het bruto nationaal inkomen in Europa (3,6%).

Vergelijking met buren. Het BNI van de Sovjet-Unie was groter dan in Japan (US$558,5 miljard), in China (US$167,9 miljard), in India (US$99,7 miljard), in Turkije (US$62,6 miljard), in Polen (US$47,3 miljard), in Tsjecho-Slowakije (US$28,2 miljard), in Finland (US$25,4 miljard) en in Roemenië (US$23,2 miljard). Het BNI per hoofd in de Sovjet-Unie was groter dan in Tsjecho-Slowakije (US$1.905,1), in Turkije (US$1.609,5), in Polen (US$1.396,6), in Roemenië (US$1.076,4), in China (US$183,6) en in India (US$161,6); maar minder dan in Finland (US$5,4 duizend) en in Japan (US$5,0 duizend). De groei van het bruto nationaal inkomen in de Sovjet-Unie was groter dan in Tsjecho-Slowakije (4,7%), in Japan (4,7%), in Finland (3,5%) en in India (2,7%); maar minder dan in Roemenië (10,0%), in China (6,0%), in Polen (5,9%) en in Turkije (4,8%).

Vergelijking met leiders. Het BNI van de Sovjet-Unie was groter dan in Japan (US$558,5 miljard), in Duitsland (US$486,2 miljard), in Frankrijk (US$334,3 miljard) en in het Verenigd Koninkrijk (US$255,7 miljard); maar minder dan in de Verenigde Staten (US$1,7 biljoen). Het bruto nationaal inkomen per hoofd in de Sovjet-Unie was minder dan in de Verenigde Staten (US$7,8 duizend), in Frankrijk (US$6,2 duizend), in Duitsland (US$6,2 duizend), in Japan (US$5,0 duizend) en in het Verenigd Koninkrijk (US$4,6 duizend). De groei van het bruto nationaal inkomen in de Sovjet-Unie was groter dan in Japan (4,7%), in Frankrijk (3,9%), in de Verenigde Staten (3,5%), in Duitsland (3,0%) en in het Verenigd Koninkrijk (2,5%).

de jaren 1980

Het bruto nationaal inkomen van de Sovjet-Unie bedroeg in de jaren 1980 US$887,0 miljard per jaar, stond op de 4e plaats in de wereld. Het aandeel in de wereld was 5,9%, en 16,3% in Europa.

Het bruto nationaal inkomen per hoofd in de Sovjet-Unie was $3.222,9 in de jaren 1980s, stond op de 63e plaats in de wereld, en was vergelijkbaar met Joegoslavië (US$3,2 duizend), Argentinië (US$3,2 duizend). Het BNI per hoofd in de Sovjet-Unie was 3,4% hoger dan het bruto nationaal inkomen per hoofd van de bevolking in de wereld ($3.117,1), en was in 2,2 keer lager dan het bruto nationaal inkomen per hoofd van de bevolking in Europa ($3.117,1).

De groei van het BNI in de Sovjet-Unie bedroeg 4.3% in de jaren 1980, stond op de 47e plaats in de wereld, en was vergelijkbaar met Mauritius (4,4%), Kenia (4,4%), Japan (4,4%). De groei van het bruto nationaal inkomen in de Sovjet-Unie (4,3%) was groter dan de groei van het BNI in de wereld (3,0%), was groter dan de groei van het BNI in Europa (2,4%).

Vergelijking met buren. Het bruto nationaal inkomen van de Sovjet-Unie was 2,6 keer groter dan in China (US$347,6 miljard), 3,7 keer groter dan in India (US$239,6 miljard), 8,4 keer groter dan in Turkije (US$105,9 miljard), 12,7 keer groter dan in Finland (US$69,8 miljard), 12,9 keer groter dan in Polen (US$68,7 miljard), 16,9 keer groter dan in Tsjecho-Slowakije (US$52,5 miljard) en 17,4 keer groter dan in Roemenië (US$51,0 miljard); maar 2,1 keer minder dan in Japan (US$1,8 biljoen). Het BNI per hoofd in de Sovjet-Unie was 45,6% groter dan in Roemenië (US$2,2 duizend), 47,7% groter dan in Turkije (US$2,2 duizend), 72,9% groter dan in Polen (US$1.863,9), 9,9 keer groter dan in China (US$324,1) en 10,4 keer groter dan in India (US$308,7); maar 4,7 keer minder dan in Japan (US$15,0 duizend), 4,4 keer minder dan in Finland (US$14,3 duizend) en 5,0% minder dan in Tsjecho-Slowakije (US$3,4 duizend). De groei van het bruto nationaal inkomen in de Sovjet-Unie was groter dan in Turkije (4,1%), in Finland (3,5%), in Tsjecho-Slowakije (1,9%), in Roemenië (1,7%) en in Polen (0,32%); maar minder dan in China (9,4%), in India (5,5%) en in Japan (4,4%).

Vergelijking met leiders. Het BNI van de Sovjet-Unie was 21,2% groter dan in Frankrijk (US$732,1 miljard) en 35,9% groter dan in het Verenigd Koninkrijk (US$652,7 miljard); maar 4,7 keer minder dan in de Verenigde Staten (US$4,2 biljoen), 2,1 keer minder dan in Japan (US$1,8 biljoen) en 11,0% minder dan in Duitsland (US$996,5 miljard). Het BNI per hoofd in de Sovjet-Unie was 5,4 keer minder dan in de Verenigde Staten (US$17,4 duizend), 4,7 keer minder dan in Japan (US$15,0 duizend), 4,0 keer minder dan in Frankrijk

(US$13,0 duizend), 4,0 keer minder dan in Duitsland (US$12,8 duizend) en 3,6 keer minder dan in het Verenigd Koninkrijk (US$11,6 duizend). De groei van het bruto nationaal inkomen in de Sovjet-Unie was groter dan in de Verenigde Staten (3,1%), in Frankrijk (2,3%), in het Verenigd Koninkrijk (2,2%) en in Duitsland (2,0%); maar minder dan in Japan (4,4%).

Part II. Structuur

de jaren 1980

landbouw	14,2%
industrie	34,5%
constructie	8,1%
handel	12,7%
vervoer	4,4%
diensten	26,1%

Hoofdstuk IV. Landbouw

Landbouw, jacht, bosbouw, vissen (ISIC A-B)

De landbouw van de Sovjet-Unie steeg van US$88,7 miljard per jaar in de jaren 1970 tot US$125,8 miljard per jaar in de jaren 1980, dat wil zeggen met US$37,1 miljard of 41,8%. De verandering vond plaats op US$4,4 miljard als gevolg van een 1,0-voudige stijging van de prijzen, en ook op US$24,6 miljard als gevolg van een 1,3-voudige toename van de productiviteit , evenals op US$8,1 miljard als gevolg van de toename van de bevolking. De gemiddelde jaarlijkse groei van de landbouw is 4,9%. De minimumwaarde van de landbouw bedroeg US$70,6 miljard in 1971. De maximumwaarde van de landbouw bedroeg US$151,8 miljard in 1983.

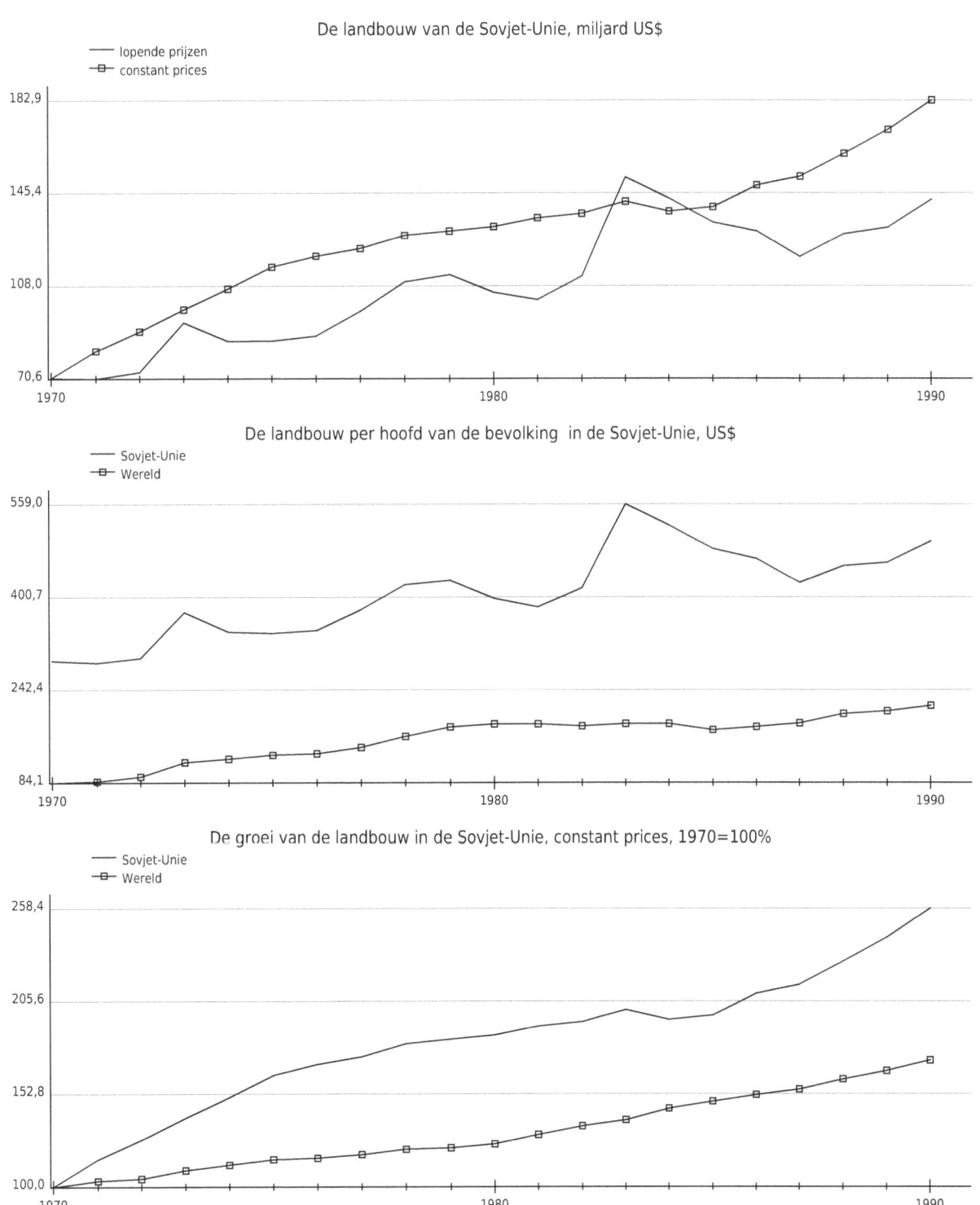

De landbouw van de Sovjet-Unie, miljard US$

De landbouw per hoofd van de bevolking in de Sovjet-Unie, US$

De groei van de landbouw in de Sovjet-Unie, constant prices, 1970=100%

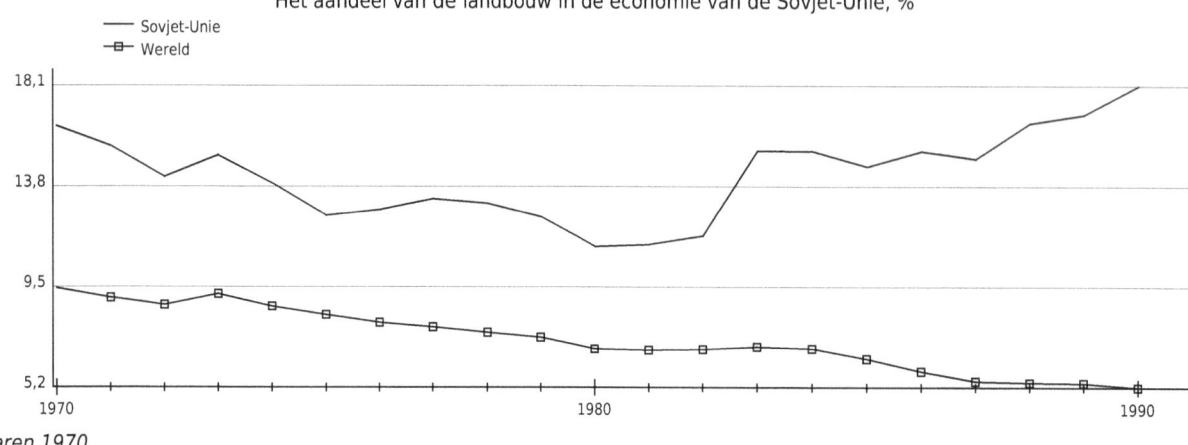

Het aandeel van de landbouw in de economie van de Sovjet-Unie, %

de jaren 1970

De sector van de landbouw in de Sovjet-Unie bedroeg in de jaren 1970 US$88,7 miljard per jaar, stond op de 1e plaats in de wereld, en was vergelijkbaar met Amerika (US$88,5 miljard). Het aandeel in de wereld was 17,2%, en 45,6% in Europa.

Het aandeel van de landbouw in de economie van de Sovjet-Unie was 13,7% in de jaren 1970, stond op de 105e plaats in de wereld, en was vergelijkbaar met Polen (13,7%), Oost-Europa (13,6%).

De sector van de landbouw per hoofd in de Sovjet-Unie was $351,8 in de jaren 1970s, stond op de 11e plaats in de wereld, en was vergelijkbaar met Denemarken (US$353,3), Turkije (US$349,0). De landbouw per hoofd in de Sovjet-Unie was in 2,8 keer hoger dan de landbouw per hoofd van de bevolking in de wereld ($127,6), en was 31,1% hoger dan de landbouw per hoofd van de bevolking in Europa ($127,6).

De groei van de landbouw in de Sovjet-Unie bedroeg 7% in de jaren 1970, stond op de 19e plaats in de wereld, en was vergelijkbaar met Sao Tomé en Principe (7,0%), de Seychellen (7,0%), Rwanda (7,0%). De groei van de landbouw in de Sovjet-Unie (7,0%) was groter dan de groei van de landbouw in de wereld (2,2%), was groter dan de groei van de landbouw in Europa (3,3%).

Vergelijking met buren. De toegevoegde waarde van de landbouw in de Sovjet-Unie was groter dan in China (US$49,5 miljard), in India (US$36,0 miljard), in Japan (US$25,8 miljard), in Turkije (US$13,6 miljard), in Polen (US$6,7 miljard), in Roemenië (US$3,3 miljard), in Finland (US$2,3 miljard) en in Tsjecho-Slowakije (US$2,2 miljard). De toegevoegde waarde van de landbouw per hoofd in de Sovjet-Unie was groter dan in Turkije (US$349,0), in Japan (US$231,3), in Polen (US$196,5), in Roemenië (US$152,4), in Tsjecho-Slowakije (US$145,9), in India (US$58,3) en in China (US$54,2); maar minder dan in Finland (US$497,9). De groei van de landbouw in de Sovjet-Unie was groter dan in Polen (6,0%), in Roemenië (5,8%), in China (2,4%), in Turkije (1,7%), in Japan (0,52%), in Finland (0,31%), in India (0,30%) en in Tsjecho-Slowakije (-0,058%).

Vergelijking met leiders. De toegevoegde waarde van de landbouw in de Sovjet-Unie was groter dan in China (US$49,5 miljard), in de Verenigde Staten (US$42,6 miljard), in India (US$36,0 miljard), in Japan (US$25,8 miljard) en in Frankrijk (US$16,6 miljard). De waarde van de landbouw per hoofd in de Sovjet-Unie was groter dan in Frankrijk (US$310,2), in Japan (US$231,3), in de Verenigde Staten (US$195,0), in India (US$58,3) en in China (US$54,2). De groei van de landbouw in de Sovjet-Unie was groter dan in Frankrijk (2,8%), in China (2,4%), in Japan (0,52%), in de Verenigde Staten (0,34%) en in India (0,30%).

de jaren 1980

De toegevoegde waarde van de landbouw in de Sovjet-Unie bedroeg in de jaren 1980 US$125,8 miljard per jaar, stond op de 1e plaats in de wereld. Het aandeel in de wereld was 13,9%, en 42,4% in Europa.

Het aandeel van de landbouw in de economie van de Sovjet-Unie was 14,2% in de jaren 1980, stond op de 90e plaats in de wereld, en was vergelijkbaar met Bulgarije (14,3%), Saint Vincent en de Grenadines (14,3%).

De sector van de landbouw per hoofd in de Sovjet-Unie was $457,2 in de jaren 1980s, stond op de 18e plaats in de wereld, en was vergelijkbaar met Cyprus (US$455,9), Italië (US$453,3), Portugal (US$463,5). De toegevoegde waarde van de landbouw per hoofd in de Sovjet-Unie was in 2,4 keer hoger dan de landbouw per hoofd van de bevolking in de wereld ($186,6), en was 18,3% hoger dan de landbouw per hoofd van de bevolking in Europa ($186,6).

De groei van de landbouw in de Sovjet-Unie bedroeg 2.8% in de jaren 1980, stond op de 77e plaats in de wereld, en was vergelijkbaar met de Britse Maagdeneilanden (2,7%), Afrika (2,8%), Honduras (2,8%). De groei van de landbouw in de Sovjet-Unie (2,8%) was minder dan de groei van de landbouw in de wereld (3,1%), was groter dan de groei van de landbouw in Europa (2,1%).

Vergelijking met buren. De waarde van de landbouw in de Sovjet-Unie was 32,6% groter dan in China (US$94,9 miljard), 78,8% groter dan in India (US$70,4 miljard), 2,5 keer groter dan in Japan (US$49,7 miljard), 8,4 keer groter dan in Turkije (US$15,0 miljard), 13,2 keer groter dan in Polen (US$9,6 miljard), 18,1 keer groter dan in Roemenië (US$7,0 miljard), 27,5 keer groter dan in Finland (US$4,6 miljard) en 37,4 keer groter dan in Tsjecho-Slowakije (US$3,4 miljard). De sector van de landbouw per hoofd in de Sovjet-Unie was 11,5% groter dan in Japan (US$410,0), 48,4% groter dan in Turkije (US$308,0), 51,4% groter dan in Roemenië (US$301,9), 76,4% groter dan in Polen (US$259,1), 2,1 keer groter dan in Tsjecho-Slowakije (US$217,5), 5,0 keer groter dan in India (US$90,7) en 5,2 keer groter dan in China (US$88,5); maar 2,0 keer minder dan in Finland (US$936,3). De groei van de landbouw in de Sovjet-Unie was groter dan in Polen (0,99%), in Turkije (0,61%), in Japan (0,41%), in Finland (-0,48%) en in Roemenië (-0,49%); maar minder dan in China (5,3%), in Tsjecho-Slowakije (4,9%) en in India (4,4%).

Vergelijking met leiders. De landbouw van de Sovjet-Unie was 32,6% groter dan in China (US$94,9 miljard), 78,8% groter dan in India (US$70,4 miljard), 83,2% groter dan in de Verenigde Staten (US$68,7 miljard), 2,5 keer groter dan in Japan (US$49,7 miljard) en 4,8 keer groter dan in Nigeria (US$26,0 miljard). De toegevoegde waarde van de landbouw per hoofd in de Sovjet-Unie was 11,5% groter dan in Japan (US$410,0), 45,4% groter dan in Nigeria (US$314,5), 59,4% groter dan in de Verenigde Staten (US$286,8), 5,0 keer groter dan in India (US$90,7) en 5,2 keer groter dan in China (US$88,5). De groei van de landbouw in de Sovjet-Unie was groter dan in Japan (0,41%); maar minder dan in China (5,3%), in India (4,4%), in de Verenigde Staten (3,7%) en in Nigeria (3,1%).

Hoofdstuk V. Industrie

Mijnbouw, productie, nutsbedrijven (ISIC C-E)

De industrie van de Sovjet-Unie steeg van US$248,8 miljard per jaar in de jaren 1970 tot US$305,7 miljard per jaar in de jaren 1980, dat wil zeggen met US$56,9 miljard of 22,9%. De verandering vond plaats op -US$82,3 miljard als gevolg van een 1,3-voudige daling van de prijzen, en ook op US$116,5 miljard als gevolg van een 1,4-voudige toename van de productiviteit , evenals op US$22,7 miljard als gevolg van de toename van de bevolking. De gemiddelde jaarlijkse groei van de industrie is 4,5%. De minimumwaarde van de industrie bedroeg US$164,8 miljard in 1970. De maximumwaarde van de industrie bedroeg US$365,2 miljard in 1982.

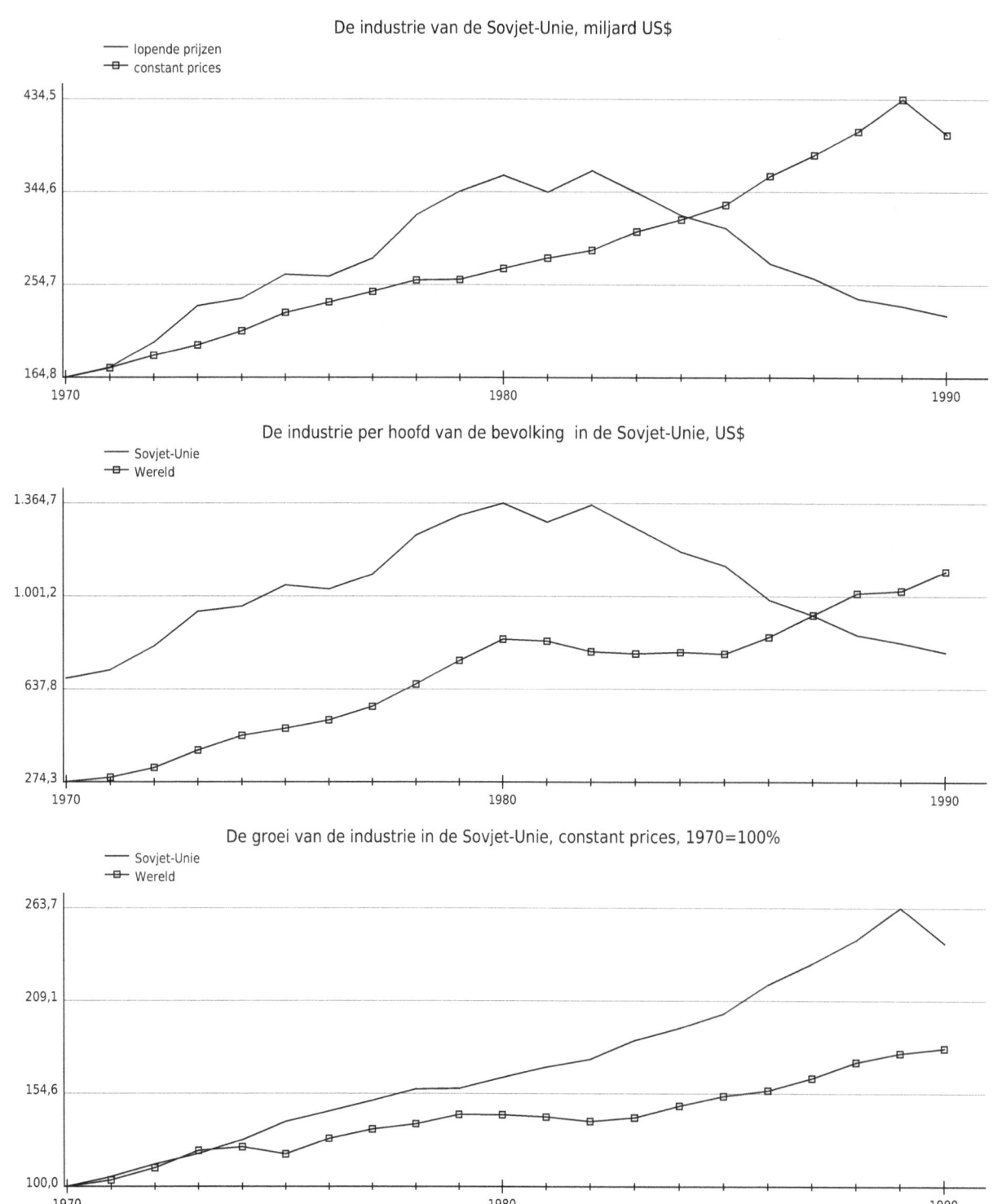

De industrie van de Sovjet-Unie, miljard US$

De industrie per hoofd van de bevolking in de Sovjet-Unie, US$

De groei van de industrie in de Sovjet-Unie, constant prices, 1970=100%

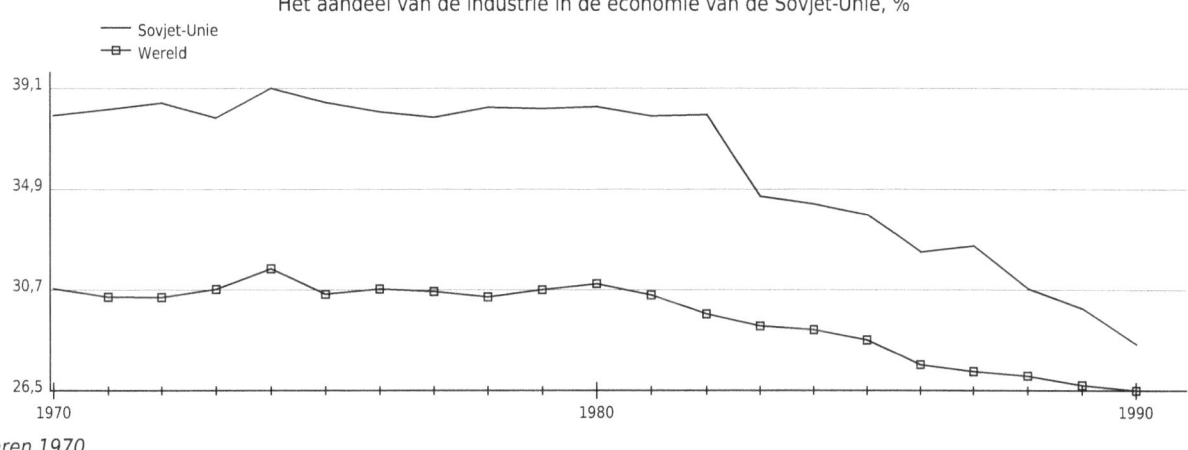

Het aandeel van de industrie in de economie van de Sovjet-Unie, %

de jaren 1970

De toegevoegde waarde van de industrie in de Sovjet-Unie bedroeg in de jaren 1970 US$248,8 miljard per jaar, stond op de 2e plaats in de wereld. Het aandeel in de wereld was 12,8%, en 30,3% in Europa.

Het aandeel van de industrie in de economie van de Sovjet-Unie was 38,3% in de jaren 1970, stond op de 20e plaats in de wereld, en was vergelijkbaar met Oost-Europa (38,6%), Bulgarije (38,0%).

De toegevoegde waarde van de industrie per hoofd in de Sovjet-Unie was $986,6 in de jaren 1970s, stond op de 36e plaats in de wereld, en was vergelijkbaar met Israël (US$972,8), Venezuela (US$1.001,8). De toegevoegde waarde van de industrie per hoofd in de Sovjet-Unie was in 2,1 keer hoger dan de industrie per hoofd van de bevolking in de wereld ($480,5), en was 12,8% lager dan de industrie per hoofd van de bevolking in Europa ($480,5).

De groei van de industrie in de Sovjet-Unie bedroeg 5.2% in de jaren 1970, stond op de 83e plaats in de wereld, en was vergelijkbaar met Spanje (5,1%). De groei van de industrie in de Sovjet-Unie (5,2%) was groter dan de groei van de industrie in de wereld (4,0%), was groter dan de groei van de industrie in Europa (3,6%).

Vergelijking met buren. De toegevoegde waarde van de industrie in de Sovjet-Unie was groter dan in Japan (US$185,6 miljard), in China (US$64,3 miljard), in Polen (US$19,9 miljard), in India (US$18,4 miljard), in Turkije (US$12,7 miljard), in Roemenië (US$10,8 miljard), in Tsjecho-Slowakije (US$9,5 miljard) en in Finland (US$6,8 miljard). De waarde van de industrie per hoofd in de Sovjet-Unie was groter dan in Tsjecho-Slowakije (US$643,2), in Polen (US$587,6), in Roemenië (US$501,1), in Turkije (US$325,7), in China (US$70,3) en in India (US$29,9); maar minder dan in Japan (US$1.666,5) en in Finland (US$1.452,6). De groei van de industrie in de Sovjet-Unie was groter dan in India (4,6%), in Japan (4,5%) en in Finland (4,1%); maar minder dan in Roemenië (11,3%), in China (8,9%), in Turkije (6,8%), in Polen (6,0%) en in Tsjecho-Slowakije (5,3%).

Vergelijking met leiders. De toegevoegde waarde van de industrie in de Sovjet-Unie was groter dan in Japan (US$185,6 miljard), in Duitsland (US$158,4 miljard), in het Verenigd Koninkrijk (US$72,6 miljard) en in Frankrijk (US$71,6 miljard); maar minder dan in de Verenigde Staten (US$450,4 miljard). De toegevoegde waarde van de industrie per hoofd in de Sovjet-Unie was minder dan in de Verenigde Staten (US$2,1 duizend), in Duitsland (US$2,0 duizend), in Japan (US$1.666,5), in Frankrijk (US$1.335,3) en in het Verenigd Koninkrijk (US$1.295,1). De groei van de industrie in de Sovjet-Unie was groter dan in Japan (4,5%), in Frankrijk (3,9%), in de Verenigde Staten (2,4%), in Duitsland (2,1%) en in het Verenigd Koninkrijk (1,9%).

de jaren 1980

De sector van de industrie in de Sovjet-Unie bedroeg in de jaren 1980 US$305,7 miljard per jaar, stond op de 3e plaats in de wereld. Het aandeel in de wereld was 7,3%, en 20,6% in Europa.

Het aandeel van de industrie in de economie van de Sovjet-Unie was 34,5% in de jaren 1980, stond op de 28e plaats in de wereld, en was vergelijkbaar met de Dominicaanse Republiek (34,5%), Centraal-Amerika (34,2%).

De waarde van de industrie per hoofd in de Sovjet-Unie was $1.110,8 in de jaren 1980s, stond op de 47e plaats in de wereld, en was vergelijkbaar met Bermuda (US$1.121,7), Tsjecho-Slowakije (US$1.098,9), Mexico (US$1.123,6). De waarde van de industrie per hoofd in de Sovjet-Unie was 28,9% hoger dan de industrie per hoofd van de bevolking in de wereld ($861,8), en was 42,6% lager dan de industrie per hoofd van de bevolking in Europa ($861,8).

De groei van de industrie in de Sovjet-Unie bedroeg 5.3% in de jaren 1980, stond op de 48e plaats in de wereld, en was vergelijkbaar met Cambodja (5,2%). De groei van de industrie in de Sovjet-Unie (5,3%) was groter dan de groei van de industrie in de wereld (2,3%), was groter dan de groei van de industrie in Europa (2,3%).

Vergelijking met buren. De sector van de industrie in de Sovjet-Unie was 2,3 keer groter dan in China (US$130,2 miljard), 6,0 keer groter dan in India (US$51,0 miljard), 10,5 keer groter dan in Polen (US$29,0 miljard), 11,2 keer groter dan in Turkije (US$27,2 miljard), 14,2 keer groter dan in Roemenië (US$21,6 miljard), 17,4 keer groter dan in Finland (US$17,6 miljard) en 18,0 keer groter dan in Tsjecho-Slowakije (US$17,0 miljard); maar 46,0% minder dan in Japan (US$566,4 miljard). De toegevoegde waarde van de industrie per hoofd in de Sovjet-Unie was 1,1% groter dan in Tsjecho-Slowakije (US$1.098,9), 18,7% groter dan in Roemenië (US$936,1), 41,2% groter dan in Polen (US$786,4), 98,1% groter dan in Turkije (US$560,7), 9,1 keer groter dan in China (US$121,4) en 16,9 keer groter dan in India (US$65,7); maar 4,2 keer minder dan in Japan (US$4,7 duizend) en 3,2 keer minder dan in Finland (US$3,6 duizend). De groei van de industrie in de Sovjet-Unie was groter dan in Japan (4,2%), in Finland (4,0%), in Polen (1,3%), in Tsjecho-Slowakije (0,83%) en in Roemenië (-0,98%); maar minder dan in China (10,4%), in India (7,4%) en in Turkije (5,8%).

Vergelijking met leiders. De sector van de industrie in de Sovjet-Unie was 2,8% groter dan in Duitsland (US$297,5 miljard), 78,5% groter dan in het Verenigd Koninkrijk (US$171,2 miljard) en 2,1 keer groter dan in Italië (US$148,2 miljard); maar 3,3 keer minder dan in de Verenigde Staten (US$1,0 biljoen) en 46,0% minder dan in Japan (US$566,4 miljard). De toegevoegde waarde van de industrie per hoofd in de Sovjet-Unie was 4,2 keer minder dan in Japan (US$4,7 duizend), 3,8 keer minder dan in de Verenigde Staten (US$4,2 duizend), 3,4 keer minder dan in Duitsland (US$3,8 duizend), 2,7 keer minder dan in het Verenigd Koninkrijk (US$3,0 duizend) en 2,3 keer minder dan in Italië (US$2,6 duizend). De groei van de industrie in de Sovjet-Unie was groter dan in Japan (4,2%), in Italië (2,3%), in de Verenigde Staten (1,9%), in het Verenigd Koninkrijk (1,4%) en in Duitsland (1,2%).

Hoofdstuk 5.1. Fabricage

(ISIC D)

De fabricage van de Sovjet-Unie steeg van US$248,8 miljard per jaar in de jaren 1970 tot US$305,7 miljard per jaar in de jaren 1980, dat wil zeggen met US$56,9 miljard of 22,9%. De verandering vond plaats op -US$82,3 miljard als gevolg van een 1,3-voudige daling van de prijzen, en ook op US$116,5 miljard als gevolg van een 1,4-voudige toename van de productiviteit , evenals op US$22,7 miljard als gevolg van de toename van de bevolking. De gemiddelde jaarlijkse groei van de fabricage is 4,5%. De minimumwaarde van de fabricage bedroeg US$164,8 miljard in 1970. De maximumwaarde van de fabricage bedroeg US$365,2 miljard in 1982.

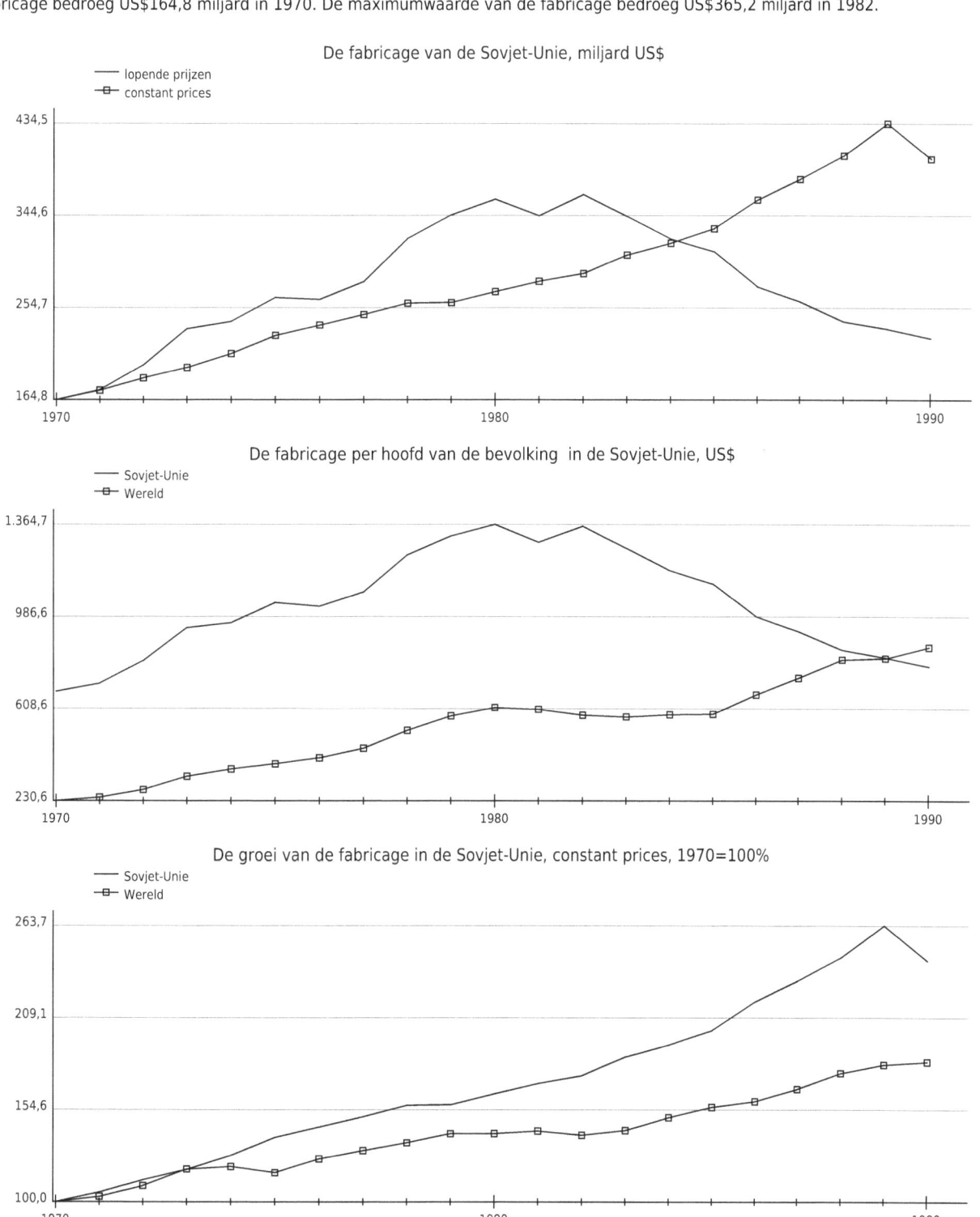

De fabricage van de Sovjet-Unie, miljard US$

De fabricage per hoofd van de bevolking in de Sovjet-Unie, US$

De groei van de fabricage in de Sovjet-Unie, constant prices, 1970=100%

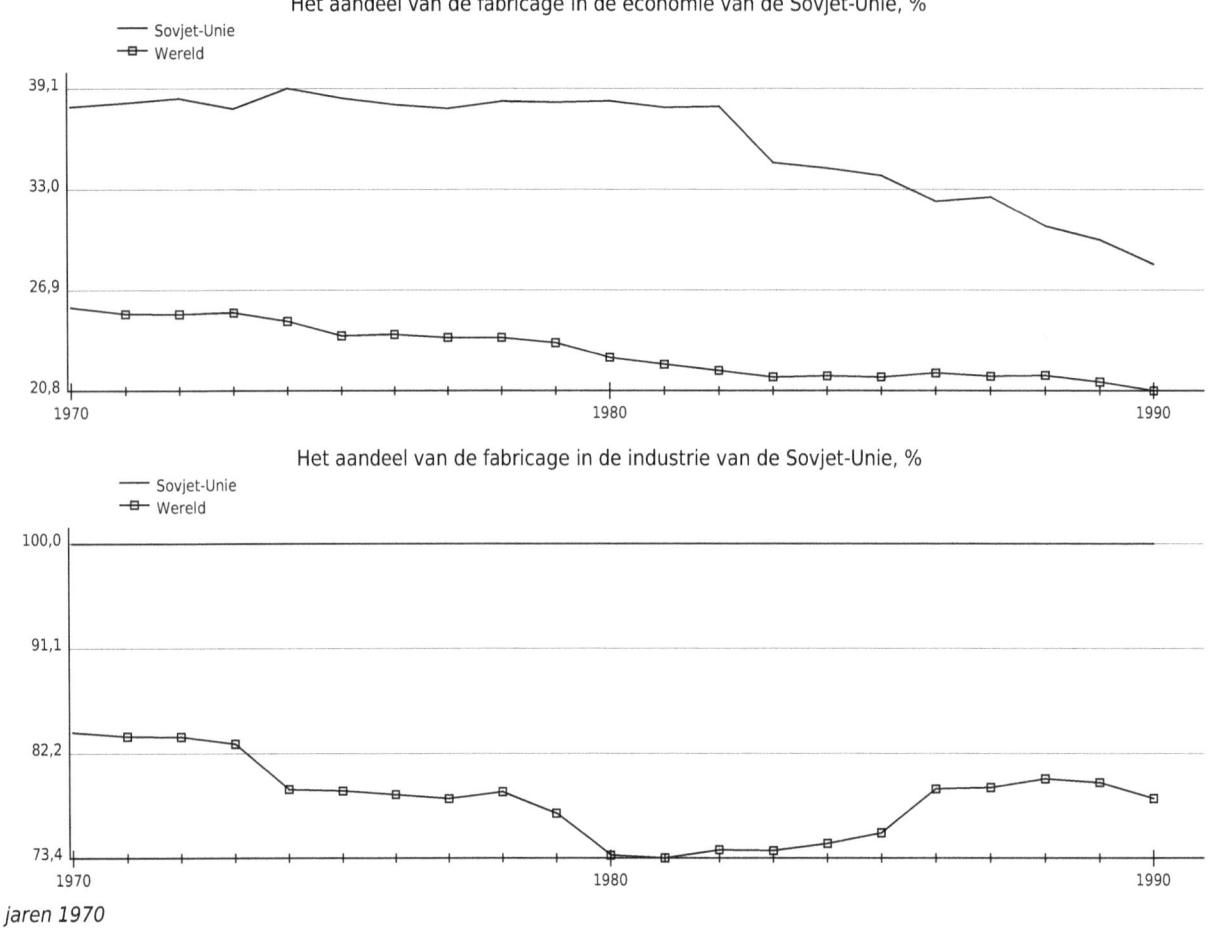

Het aandeel van de fabricage in de economie van de Sovjet-Unie, %

Het aandeel van de fabricage in de industrie van de Sovjet-Unie, %

de jaren 1970

De fabricage van de Sovjet-Unie bedroeg in de jaren 1970 US$248,8 miljard per jaar, stond op de 2e plaats in de wereld, en was vergelijkbaar met Azië (US$243,5 miljard). Het aandeel in de wereld was 16,1%, en 33,7% in Europa.

Het aandeel van de fabricage in de economie van de Sovjet-Unie was 38,3% in de jaren 1970, stond op de 2e plaats in de wereld.

De fabricage per hoofd in de Sovjet-Unie was $986,6 in de jaren 1970s, stond op de 25e plaats in de wereld, en was vergelijkbaar met Italië (US$1.005,2). De waarde van de fabricage per hoofd in de Sovjet-Unie was in 2,6 keer hoger dan de fabricage per hoofd van de bevolking in de wereld ($383,2), en was 3,2% lager dan de fabricage per hoofd van de bevolking in Europa ($383,2).

De groei van de fabricage in de Sovjet-Unie bedroeg 5.2% in de jaren 1970, stond op de 86e plaats in de wereld, en was vergelijkbaar met Spanje (5,1%), Oost-Azië (5,2%). De groei van de fabricage in de Sovjet-Unie (5,2%) was groter dan de groei van de fabricage in de wereld (3,8%), was groter dan de groei van de fabricage in Europa (3,5%).

Vergelijking met buren. De waarde van de fabricage in de Sovjet-Unie was groter dan in Japan (US$169,3 miljard), in India (US$15,6 miljard), in Polen (US$15,0 miljard), in Turkije (US$11,8 miljard), in Tsjecho-Slowakije (US$9,5 miljard), in Roemenië (US$9,4 miljard) en in Finland (US$6,0 miljard). De toegevoegde waarde van de fabricage per hoofd in de Sovjet-Unie was groter dan in Tsjecho-Slowakije (US$643,2), in Polen (US$444,1), in Roemenië (US$438,7), in Turkije (US$302,4) en in India (US$25,3); maar minder dan in Japan (US$1.520,6) en in Finland (US$1.271,2). De groei van de fabricage in de Sovjet-Unie was groter dan in Japan (4,5%), in India (4,5%) en in Finland (3,7%); maar minder dan in Roemenië (11,3%), in Turkije (6,7%), in Polen (6,0%) en in Tsjecho-Slowakije (5,3%).

Vergelijking met leiders. De fabricage van de Sovjet-Unie was groter dan in Japan (US$169,3 miljard), in Duitsland (US$138,0 miljard), in Frankrijk (US$64,5 miljard) en in het Verenigd Koninkrijk (US$56,7 miljard); maar minder dan in de Verenigde Staten (US$378,0 miljard). De sector van de fabricage per hoofd in de Sovjet-Unie was minder dan in Duitsland (US$1.752,1), in de Verenigde Staten (US$1.731,8), in Japan (US$1.520,6), in Frankrijk (US$1.203,0) en in het Verenigd Koninkrijk (US$1.012,6). De groei van de fabricage in de Sovjet-Unie was groter dan in Japan (4,5%), in Frankrijk (3,5%), in de Verenigde Staten (2,7%), in Duitsland (2,1%) en in het Verenigd Koninkrijk (1,8%).

de jaren 1980

De waarde van de fabricage in de Sovjet-Unie bedroeg in de jaren 1980 US$305,7 miljard per jaar, stond op de 3e plaats in de wereld. Het aandeel in de wereld was 9,6%, en 23,8% in Europa.

Het aandeel van de fabricage in de economie van de Sovjet-Unie was 34,5% in de jaren 1980, stond op de 5e plaats in de wereld.

De fabricage per hoofd in de Sovjet-Unie was $1.110,8 in de jaren 1980s, stond op de 33e plaats in de wereld, en was vergelijkbaar met Tsjecho-Slowakije (US$1.098,9), Koeweit (US$1.097,5). De waarde van de fabricage per hoofd in de Sovjet-Unie was 68,0% hoger dan de fabricage per hoofd van de bevolking in de wereld ($661,2), en was 33,6% lager dan de fabricage per hoofd van de bevolking in Europa ($661,2).

De groei van de fabricage in de Sovjet-Unie bedroeg 5.3% in de jaren 1980, stond op de 51e plaats in de wereld, en was vergelijkbaar met Jordanië (5,3%), Cambodja (5,3%), de Seychellen (5,3%). De groei van de fabricage in de Sovjet-Unie (5,3%) was groter dan de groei van de fabricage in de wereld (2,6%), was groter dan de groei van de fabricage in Europa (2,1%).

Vergelijking met buren. De toegevoegde waarde van de fabricage in de Sovjet-Unie was 7,8 keer groter dan in India (US$39,1 miljard), 12,5 keer groter dan in Turkije (US$24,5 miljard), 14,0 keer groter dan in Polen (US$21,9 miljard), 16,2 keer groter dan in Roemenië (US$18,9 miljard), 18,0 keer groter dan in Tsjecho-Slowakije (US$17,0 miljard) en 19,8 keer groter dan in Finland (US$15,4 miljard); maar 39,0% minder dan in Japan (US$501,0 miljard). De waarde van de fabricage per hoofd in de Sovjet-Unie was 1,1% groter dan in Tsjecho-Slowakije (US$1.098,9), 35,6% groter dan in Roemenië (US$819,3), 86,9% groter dan in Polen (US$594,4), 2,2 keer groter dan in Turkije (US$504,4) en 22,1 keer groter dan in India (US$50,4); maar 3,7 keer minder dan in Japan (US$4,1 duizend) en 2,8 keer minder dan in Finland (US$3,1 duizend). De groei van de fabricage in de Sovjet-Unie was groter dan in Japan (4,4%), in Finland (4,0%), in Polen (1,4%), in Tsjecho-Slowakije (0,83%) en in Roemenië (-1,4%); maar minder dan in India (6,9%) en in Turkije (5,9%).

Vergelijking met leiders. De sector van de fabricage in de Sovjet-Unie was 18,2% groter dan in Duitsland (US$258,7 miljard), 2,3 keer groter dan in Italië (US$134,1 miljard) en 2,5 keer groter dan in Frankrijk (US$124,6 miljard); maar 2,6 keer minder dan in de Verenigde Staten (US$789,4 miljard) en 39,0% minder dan in Japan (US$501,0 miljard). De waarde van de fabricage per hoofd in de Sovjet-Unie was 3,7 keer minder dan in Japan (US$4,1 duizend), 3,0 keer minder dan in Duitsland (US$3,3 duizend), 3,0 keer minder dan in de Verenigde Staten (US$3,3 duizend), 2,1 keer minder dan in Italië (US$2,4 duizend) en 49,6% minder dan in Frankrijk (US$2,2 duizend). De groei van de fabricage in de Sovjet-Unie was groter dan in Japan (4,4%), in Italië (2,5%), in de Verenigde Staten (1,9%), in Duitsland (1,2%) en in Frankrijk (1,0%).

Hoofdstuk VI. Constructie

(ISIC F)

De waarde van de constructie in de Sovjet-Unie steeg van US$52,5 miljard per jaar in de jaren 1970 tot US$72,1 miljard per jaar in de jaren 1980, dat wil zeggen met US$19,6 miljard of 37,4%. De verandering vond plaats op -US$6,6 miljard als gevolg van een 1,1-voudige daling van de prijzen, en ook op US$21,4 miljard als gevolg van een 1,4-voudige toename van de productiviteit , evenals op US$4,8 miljard als gevolg van de toename van de bevolking. De gemiddelde jaarlijkse groei van de constructie is 5,6%. De minimumwaarde van de constructie bedroeg US$33,3 miljard in 1970. De maximumwaarde van de constructie bedroeg US$74,9 miljard in 1986.

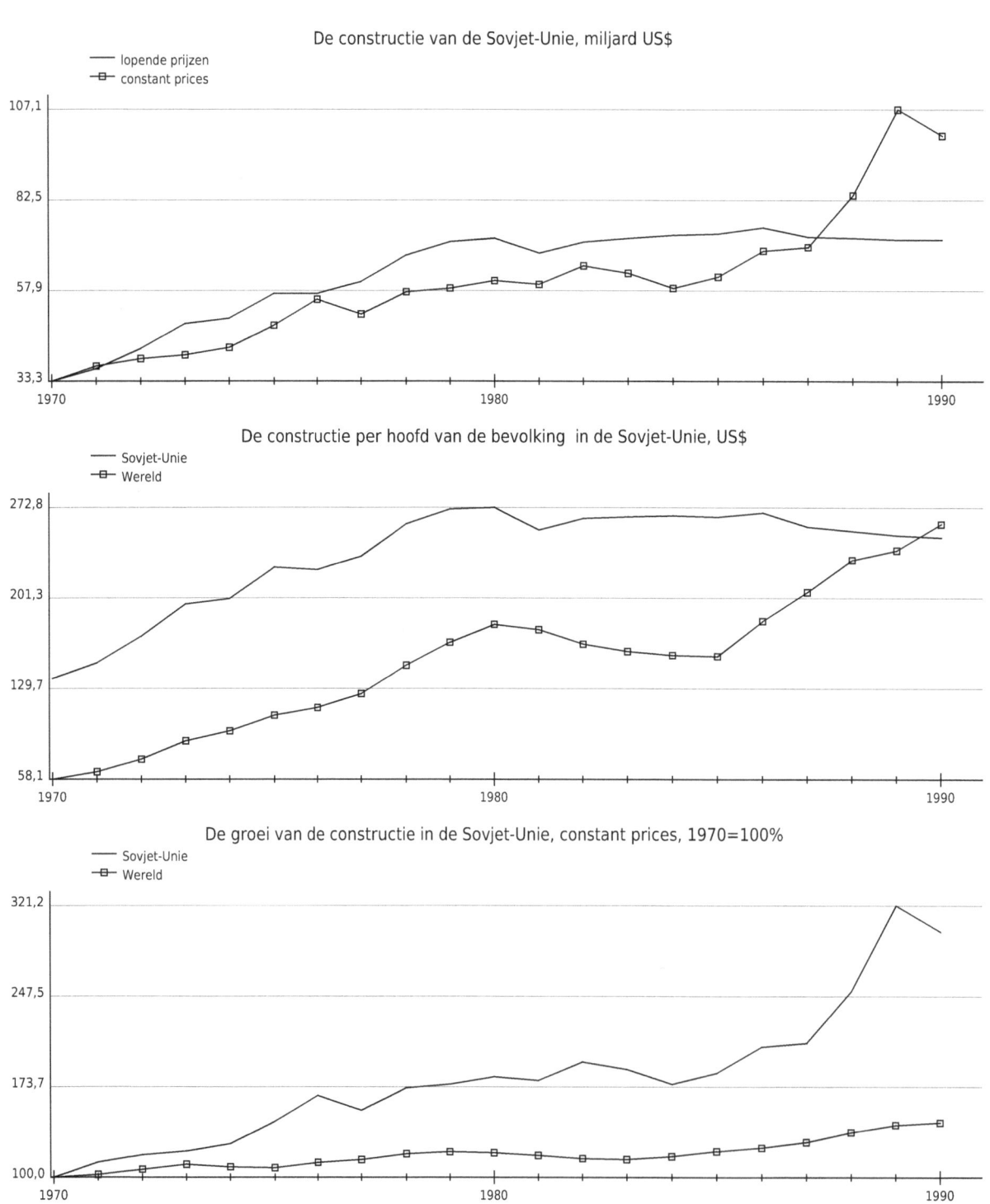

De constructie van de Sovjet-Unie, miljard US$

De constructie per hoofd van de bevolking in de Sovjet-Unie, US$

De groei van de constructie in de Sovjet-Unie, constant prices, 1970=100%

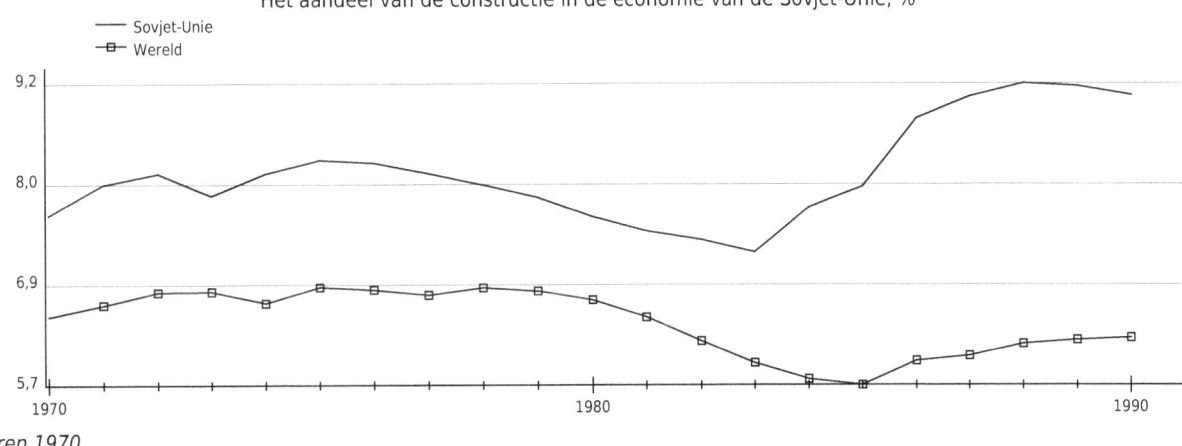

Het aandeel van de constructie in de economie van de Sovjet-Unie, %

de jaren 1970

De constructie van de Sovjet-Unie bedroeg in de jaren 1970 US$52,5 miljard per jaar, stond op de 2e plaats in de wereld, en was vergelijkbaar met Oost-Azië (US$53,3 miljard). Het aandeel in de wereld was 12,2%, en 26,0% in Europa.

Het aandeel van de constructie in de economie van de Sovjet-Unie was 8,1% in de jaren 1970, stond op de 48e plaats in de wereld, en was vergelijkbaar met Sao Tomé en Principe (8,1%), Noord-Korea (8,1%), Griekenland (8,0%).

De bouw per hoofd in de Sovjet-Unie was $208,1 in de jaren 1970s, stond op de 46e plaats in de wereld, en was vergelijkbaar met de Turks- en Caicoseilanden (US$203,3). De bouw per hoofd in de Sovjet-Unie was 96,1% hoger dan de constructie per hoofd van de bevolking in de wereld ($106,1), en was 25,1% lager dan de constructie per hoofd van de bevolking in Europa ($106,1).

De groei van de constructie in de Sovjet-Unie bedroeg 6.5% in de jaren 1970, stond op de 67e plaats in de wereld, en was vergelijkbaar met Groenland (6,4%), Mexico (6,4%), Myanmar (6,5%). De groei van de constructie in de Sovjet-Unie (6,5%) was groter dan de groei van de constructie in de wereld (2,1%), was groter dan de groei van de constructie in Europa (1,3%).

Vergelijking met buren. De waarde van de constructie in de Sovjet-Unie was groter dan in Japan (US$43,5 miljard), in China (US$6,1 miljard), in Polen (US$5,4 miljard), in India (US$4,3 miljard), in Turkije (US$3,3 miljard), in Tsjecho-Slowakije (US$2,6 miljard), in Finland (US$2,0 miljard) en in Roemenië (US$1,7 miljard). De toegevoegde waarde van de constructie per hoofd in de Sovjet-Unie was groter dan in Tsjecho-Slowakije (US$173,1), in Polen (US$159,5), in Turkije (US$85,7), in Roemenië (US$79,9), in India (US$7,0) en in China (US$6,7); maar minder dan in Finland (US$433,4) en in Japan (US$390,8). De groei van de constructie in de Sovjet-Unie was groter dan in Polen (6,0%), in Tsjecho-Slowakije (4,5%), in China (4,4%), in Japan (3,4%), in India (2,0%), in Turkije (1,8%) en in Finland (1,5%); maar minder dan in Roemenië (7,7%).

Vergelijking met leiders. De sector van de constructie in de Sovjet-Unie was groter dan in Japan (US$43,5 miljard), in Duitsland (US$33,8 miljard), in Frankrijk (US$22,4 miljard) en in het Verenigd Koninkrijk (US$17,7 miljard); maar minder dan in de Verenigde Staten (US$81,1 miljard). De waarde van de constructie per hoofd in de Sovjet-Unie was minder dan in Duitsland (US$428,6), in Frankrijk (US$417,3), in Japan (US$390,8), in de Verenigde Staten (US$371,5) en in het Verenigd Koninkrijk (US$315,7). De groei van de constructie in de Sovjet-Unie was groter dan in Japan (3,4%), in Frankrijk (2,0%), in Duitsland (0,66%), in de Verenigde Staten (0,31%) en in het Verenigd Koninkrijk (-0,55%).

de jaren 1980

De sector van de constructie in de Sovjet-Unie bedroeg in de jaren 1980 US$72,1 miljard per jaar, stond op de 3e plaats in de wereld. Het aandeel in de wereld was 8,0%, en 20,3% in Europa.

Het aandeel van de constructie in de economie van de Sovjet-Unie was 8,1% in de jaren 1980, stond op de 32e plaats in de wereld, en was vergelijkbaar met Noord-Korea (8,1%), Sao Tomé en Principe (8,1%), Libië (8,2%).

De waarde van de constructie per hoofd in de Sovjet-Unie was $262,0 in de jaren 1980s, stond op de 57e plaats in de wereld, en was vergelijkbaar met Zuidwest-Azië (US$265,8). De waarde van de constructie per hoofd in de Sovjet-Unie was 40,7% hoger dan de constructie per hoofd van de bevolking in de wereld ($186,2), en was 43,4% lager dan de constructie per hoofd van de bevolking in Europa ($186,2).

De groei van de constructie in de Sovjet-Unie bedroeg 6.2% in de jaren 1980, stond op de 31e plaats in de wereld, en was vergelijkbaar met Indonesië (6,2%). De groei van de constructie in de Sovjet-Unie (6,2%) was groter dan de groei van de constructie in de wereld (1,7%), was groter dan de groei van de constructie in Europa (1,9%).

Vergelijking met buren. De waarde van de constructie in de Sovjet-Unie was 4,7 keer groter dan in China (US$15,5 miljard), 6,2 keer groter dan in India (US$11,7 miljard), 9,1 keer groter dan in Polen (US$7,9 miljard), 11,0 keer groter dan in Turkije (US$6,6 miljard), 15,3 keer groter dan in Finland (US$4,7 miljard), 17,0 keer groter dan in Tsjecho-Slowakije (US$4,2 miljard) en 22,9 keer groter dan in Roemenië (US$3,2 miljard); maar 48,0% minder dan in Japan (US$138,7 miljard). De toegevoegde waarde van de constructie per hoofd in de Sovjet-Unie was 22,5% groter dan in Polen (US$213,9), 91,7% groter dan in Roemenië (US$136,7), 93,7% groter dan in Turkije (US$135,2), 17,3 keer groter dan in India (US$15,1) en 18,1 keer groter dan in China (US$14,4); maar 4,4 keer minder dan in Japan (US$1.143,9), 3,7 keer minder dan in Finland (US$961,3) en 4,4% minder dan in Tsjecho-Slowakije (US$274,0). De groei van de constructie in de Sovjet-Unie was groter dan in India (5,0%), in Finland (3,2%), in Japan (2,1%), in Tsjecho-Slowakije (1,4%), in Polen (1,2%) en in Roemenië (-1,3%); maar minder dan in China (11,2%) en in Turkije (6,7%).

Vergelijking met leiders. De toegevoegde waarde van de constructie in de Sovjet-Unie was 24,8% groter dan in Duitsland (US$57,8 miljard), 69,7% groter dan in Frankrijk (US$42,5 miljard) en 74,3% groter dan in het Verenigd Koninkrijk (US$41,4 miljard); maar 2,5 keer minder dan in de Verenigde Staten (US$180,6 miljard) en 48,0% minder dan in Japan (US$138,7 miljard). De toegevoegde waarde van de constructie per hoofd in de Sovjet-Unie was 4,4 keer minder dan in Japan (US$1.143,9), 2,9 keer minder dan in de Verenigde Staten (US$754,4), 2,9 keer minder dan in Frankrijk (US$751,9), 2,8 keer minder dan in Duitsland (US$740,2) en 2,8 keer minder dan in het Verenigd Koninkrijk (US$732,7). De groei van de constructie in de Sovjet-Unie was groter dan in het Verenigd Koninkrijk (3,4%), in Japan (2,1%), in de Verenigde Staten (1,1%), in Frankrijk (0,67%) en in Duitsland (-0,52%).

Hoofdstuk VII. Vervoer

Transport, opslag en communicatie (ISIC I)

De waarde van het transport in de Sovjet-Unie steeg van US$28,8 miljard per jaar in de jaren 1970 tot US$39,1 miljard per jaar in de jaren 1980, dat wil zeggen met US$10,4 miljard of 36,1%. De verandering vond plaats op -US$6,5 miljard als gevolg van een 1,2-voudige daling van de prijzen, en ook op US$14,2 miljard als gevolg van een 1,5-voudige toename van de productiviteit , evenals op US$2,6 miljard als gevolg van de toename van de bevolking. De gemiddelde jaarlijkse groei van het transport is 5,1%. De minimumwaarde van het transport bedroeg US$18,1 miljard in 1970. De maximumwaarde van het transport bedroeg US$45,0 miljard in 1983.

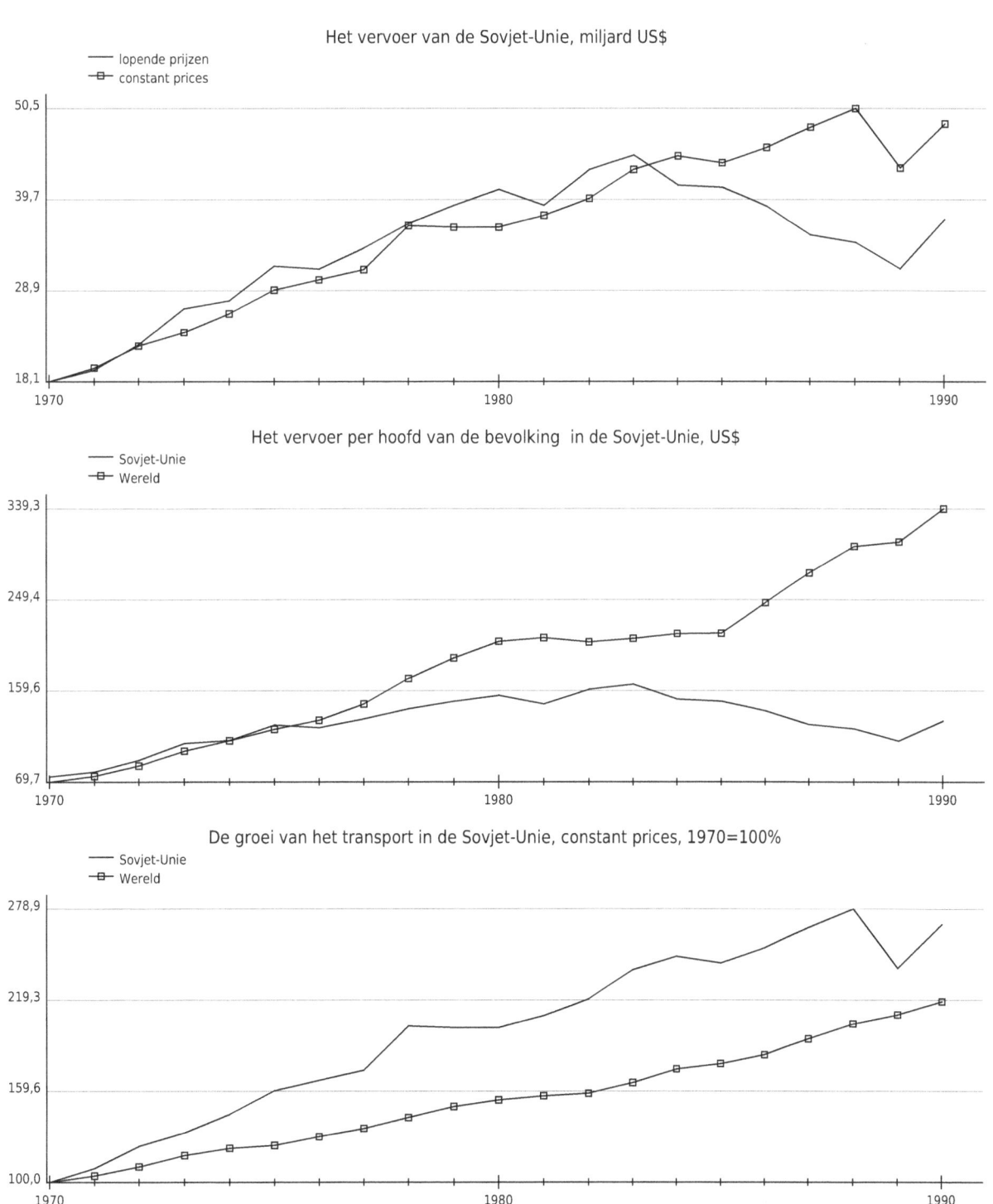

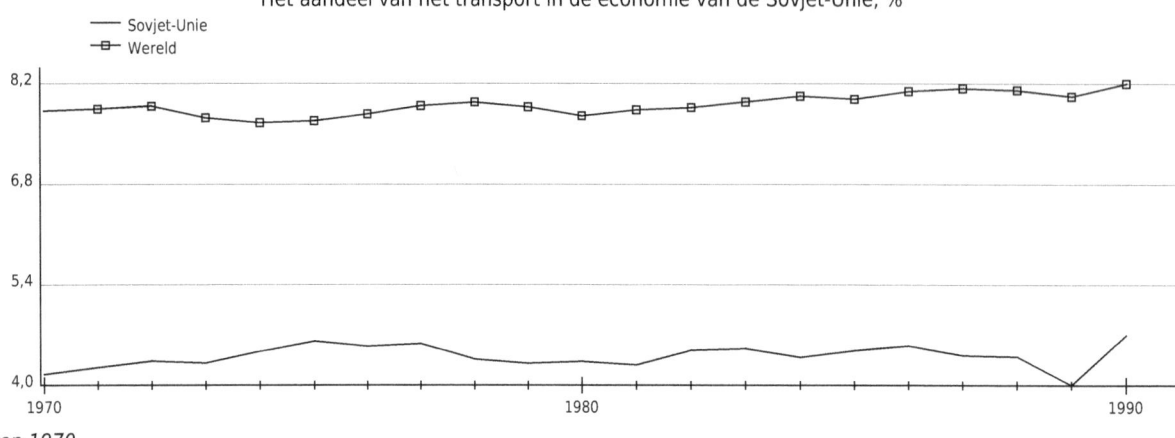

Het aandeel van het transport in de economie van de Sovjet-Unie, %

de jaren 1970

De toegevoegde waarde van het transport in de Sovjet-Unie bedroeg in de jaren 1970 US$28,8 miljard per jaar, stond op de 4e plaats in de wereld, en was vergelijkbaar met Zuid-Europa (US$29,3 miljard). Het aandeel in de wereld was 5,8%, en 16,0% in Europa.

Het aandeel van het transport in de economie van de Sovjet-Unie was 4,4% in de jaren 1970, stond op de 146e plaats in de wereld, en was vergelijkbaar met Angola (4,4%), Botswana (4,4%).

De sector van het transport per hoofd in de Sovjet-Unie was $114,0 in de jaren 1970s, stond op de 58e plaats in de wereld, en was vergelijkbaar met Tsjecho-Slowakije (US$114,1), Malta (US$112,0). De toegevoegde waarde van het transport per hoofd in de Sovjet-Unie was 6,8% lager dan het transport per hoofd van de bevolking in de wereld ($122,3), en was in 2,2 keer lager dan het transport per hoofd van de bevolking in Europa ($122,3).

De groei van het transport in de Sovjet-Unie bedroeg 8.1% in de jaren 1970, stond op de 40e plaats in de wereld, en was vergelijkbaar met Fiji (8,0%), Palestina (8,0%), Libië (8,1%). De groei van het transport in de Sovjet-Unie (8,1%) was groter dan de groei van het transport in de wereld (4,6%), was groter dan de groei van het transport in Europa (4,3%).

Vergelijking met buren. De waarde van het transport in de Sovjet-Unie was groter dan in China (US$7,5 miljard), in Turkije (US$4,2 miljard), in India (US$3,5 miljard), in Polen (US$2,6 miljard), in Finland (US$2,2 miljard), in Tsjecho-Slowakije (US$1,7 miljard) en in Roemenië (US$1,1 miljard); maar minder dan in Japan (US$46,4 miljard). De sector van het transport per hoofd in de Sovjet-Unie was groter dan in Turkije (US$108,8), in Polen (US$76,9), in Roemenië (US$49,0), in China (US$8,2) en in India (US$5,7); maar minder dan in Finland (US$465,3), in Japan (US$416,6) en in Tsjecho-Slowakije (US$114,1). De groei van het transport in de Sovjet-Unie was groter dan in China (6,8%), in India (6,1%), in Polen (6,0%), in Tsjecho-Slowakije (4,4%), in Finland (4,0%) en in Japan (1,7%); maar minder dan in Turkije (9,4%) en in Roemenië (8,3%).

Vergelijking met leiders. De waarde van het transport in de Sovjet-Unie was groter dan in Frankrijk (US$24,0 miljard) en in het Verenigd Koninkrijk (US$23,4 miljard); maar minder dan in de Verenigde Staten (US$168,6 miljard), in Japan (US$46,4 miljard) en in Duitsland (US$29,6 miljard). Het vervoer per hoofd in de Sovjet-Unie was minder dan in de Verenigde Staten (US$772,4), in Frankrijk (US$447,4), in het Verenigd Koninkrijk (US$418,1), in Japan (US$416,6) en in Duitsland (US$376,1). De groei van het transport in de Sovjet-Unie was groter dan in de Verenigde Staten (4,2%), in Frankrijk (4,1%), in Duitsland (3,0%), in het Verenigd Koninkrijk (1,9%) en in Japan (1,7%).

de jaren 1980

Het transport van de Sovjet-Unie bedroeg in de jaren 1980 US$39,1 miljard per jaar, stond op de 7e plaats in de wereld. Het aandeel in de wereld was 3,3%, en 10,3% in Europa.

Het aandeel van het transport in de economie van de Sovjet-Unie was 4,4% in de jaren 1980, stond op de 153e plaats in de wereld.

De waarde van het transport per hoofd in de Sovjet-Unie was $142,2 in de jaren 1980s, stond op de 84e plaats in de wereld, en was vergelijkbaar met Oost-Azië (US$141,3), Uruguay (US$144,3), Oost-Europa (US$145,6). De toegevoegde waarde van het transport per hoofd in de Sovjet-Unie was 41,3% lager dan het transport per hoofd van de bevolking in de wereld ($242,0), en was in 3,5 keer lager dan het transport per hoofd van de bevolking in Europa ($242,0).

De groei van het transport in de Sovjet-Unie bedroeg 1.8% in de jaren 1980, stond op de 149e plaats in de wereld, en was vergelijkbaar met Albanië (1,8%), Oost-Europa (1,8%). De groei van het transport in de Sovjet-Unie (1,8%) was minder dan de groei van het transport in de wereld (3,4%), was minder dan de groei van het transport in Europa (2,8%).

Vergelijking met buren. De waarde van het transport in de Sovjet-Unie was 2,6 keer groter dan in China (US$15,3 miljard), 3,7 keer groter dan in India (US$10,6 miljard), 4,2 keer groter dan in Turkije (US$9,4 miljard), 6,3 keer groter dan in Finland (US$6,2 miljard), 10,3 keer groter dan in Polen (US$3,8 miljard), 10,7 keer groter dan in Tsjecho-Slowakije (US$3,7 miljard) en 12,5 keer groter dan in Roemenië (US$3,1 miljard); maar 3,8 keer minder dan in Japan (US$147,7 miljard). De toegevoegde waarde van het transport per hoofd in de Sovjet-Unie was 4,7% groter dan in Roemenië (US$135,8), 38,6% groter dan in Polen (US$102,6), 10,0 keer groter dan in China (US$14,3) en 10,4 keer groter dan in India (US$13,7); maar 8,9 keer minder dan in Finland (US$1.262,5), 8,6 keer minder dan in Japan (US$1.217,8), 40,0% minder dan in Tsjecho-Slowakije (US$237,2) en 26,7% minder dan in Turkije (US$194,0). De groei van het transport in de Sovjet-Unie was groter dan in Tsjecho-Slowakije (-0,40%); maar minder dan in China (10,1%), in India (7,1%), in Roemenië (4,8%), in Japan (4,7%), in Turkije (4,2%), in Finland (3,7%) en in Polen (1,9%).

Vergelijking met leiders. De waarde van het transport in de Sovjet-Unie was 10,1 keer minder dan in de Verenigde Staten (US$394,9 miljard), 3,8 keer minder dan in Japan (US$147,7 miljard), 30,9% minder dan in Duitsland (US$56,6 miljard), 30,3% minder dan in Frankrijk (US$56,2 miljard) en 26,2% minder dan in het Verenigd Koninkrijk (US$53,0 miljard). De waarde van het transport per hoofd in de Sovjet-Unie was 11,6 keer minder dan in de Verenigde Staten (US$1.649,2), 8,6 keer minder dan in Japan (US$1.217,8), 7,0 keer minder dan in Frankrijk (US$993,7), 6,6 keer minder dan in het Verenigd Koninkrijk (US$938,7) en 5,1 keer minder dan in Duitsland (US$725,5). De groei van het transport in de Sovjet-Unie was minder dan in Frankrijk (5,4%), in Japan (4,7%), in de Verenigde Staten (3,6%), in het Verenigd Koninkrijk (3,0%) en in Duitsland (1,8%).

Hoofdstuk VIII. Handel

Groothandel, detailhandel, restaurants en hotels (ISIC G-H)

De toegevoegde waarde van de handel in de Sovjet-Unie steeg van US$62,3 miljard per jaar in de jaren 1970 tot US$112,3 miljard per jaar in de jaren 1980, dat wil zeggen met US$50,0 miljard of 80,3%. De verandering vond plaats op US$22,8 miljard als gevolg van een 1,3-voudige stijging van de prijzen, en ook op US$21,5 miljard als gevolg van een 1,3-voudige toename van de productiviteit , evenals op US$5,7 miljard als gevolg van de toename van de bevolking. De gemiddelde jaarlijkse groei van de handel is 3,0%. De minimumwaarde van de handel bedroeg US$35,1 miljard in 1970. De maximumwaarde van de handel bedroeg US$130,2 miljard in 1983.

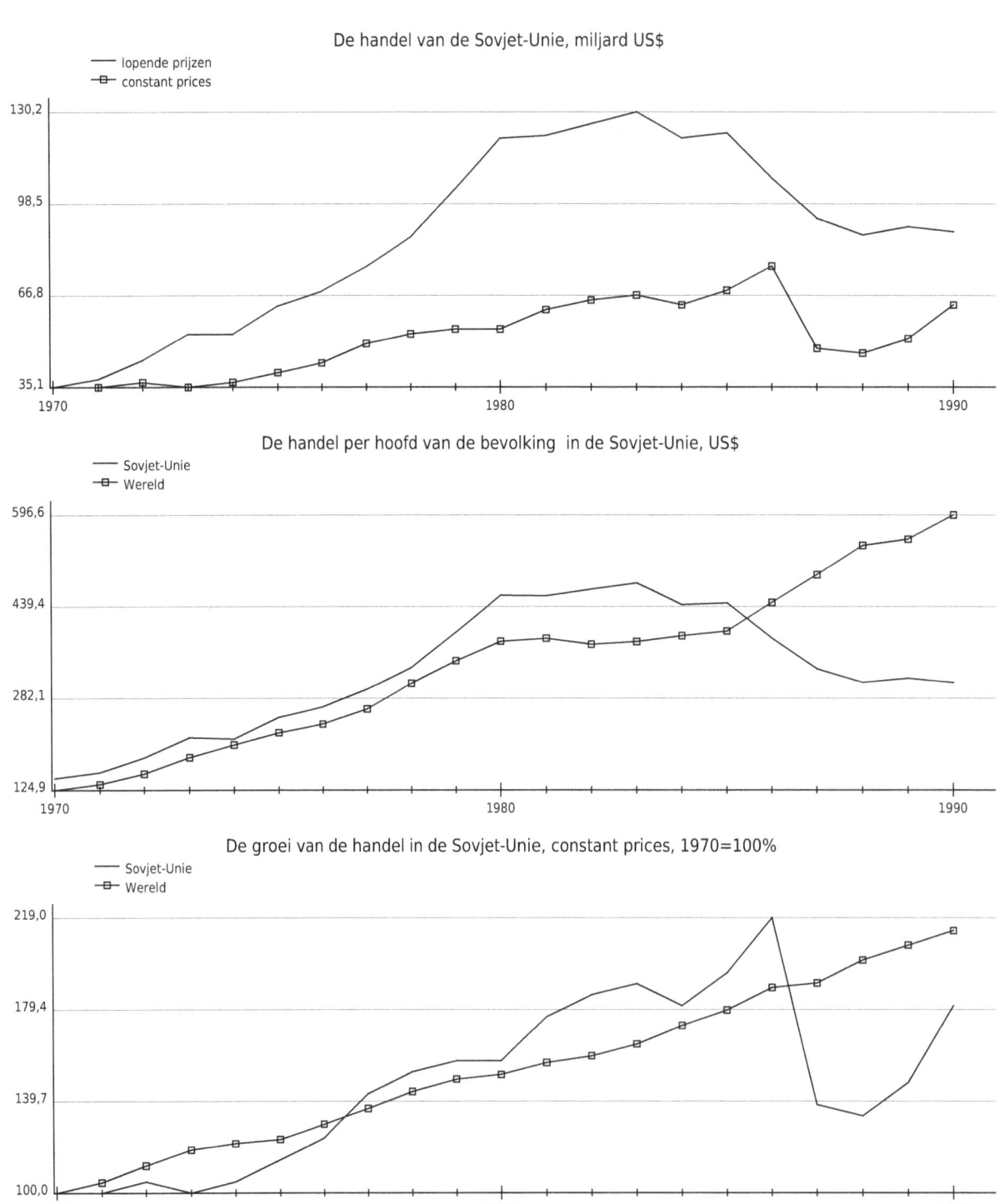

De handel van de Sovjet-Unie, miljard US$

De handel per hoofd van de bevolking in de Sovjet-Unie, US$

De groei van de handel in de Sovjet-Unie, constant prices, 1970=100%

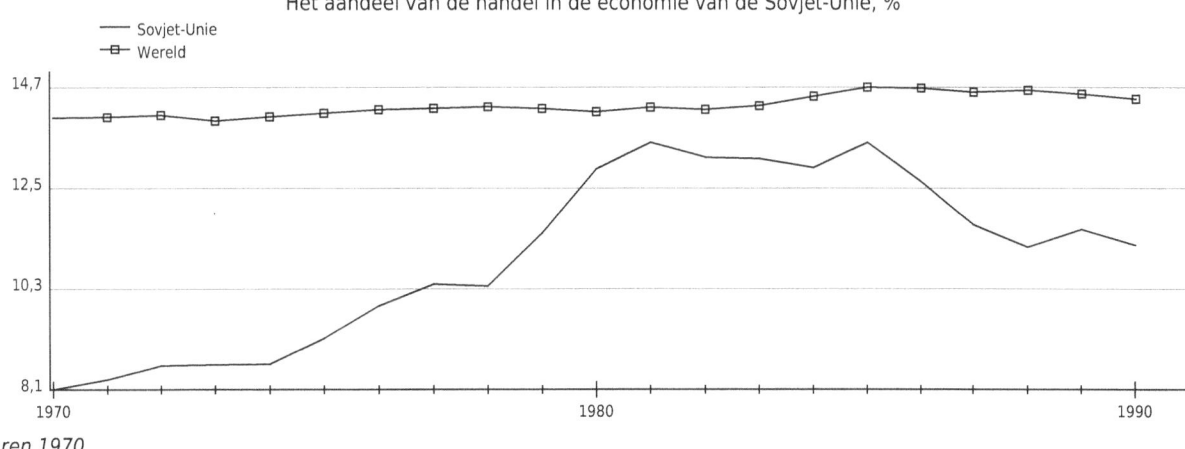

Het aandeel van de handel in de economie van de Sovjet-Unie, %

de jaren 1970

De handel van de Sovjet-Unie bedroeg in de jaren 1970 US$62,3 miljard per jaar, stond op de 3e plaats in de wereld, en was vergelijkbaar met Duitsland (US$61,1 miljard), Zuid-Europa (US$60,9 miljard). Het aandeel in de wereld was 7,0%, en 19,1% in Europa.

Het aandeel van de handel in de economie van de Sovjet-Unie was 9,6% in de jaren 1970, stond op de 151e plaats in de wereld, en was vergelijkbaar met Tuvalu (9,5%), Ethiopië (9,7%), Nigeria (9,5%).

De toegevoegde waarde van de handel per hoofd in de Sovjet-Unie was $247,1 in de jaren 1970s, stond op de 61e plaats in de wereld, en was vergelijkbaar met Cyprus (US$248,4), Saoedi-Arabië (US$248,5). De sector van de handel per hoofd in de Sovjet-Unie was 11,8% hoger dan de handel per hoofd van de bevolking in de wereld ($221,0), en was 45,1% lager dan de handel per hoofd van de bevolking in Europa ($221,0).

De groei van de handel in de Sovjet-Unie bedroeg 5.2% in de jaren 1970, stond op de 86e plaats in de wereld, en was vergelijkbaar met Marokko (5,1%). De groei van de handel in de Sovjet-Unie (5,2%) was groter dan de groei van de handel in de wereld (4,5%), was groter dan de groei van de handel in Europa (3,6%).

Vergelijking met buren. De toegevoegde waarde van de handel in de Sovjet-Unie was groter dan in China (US$11,1 miljard), in Turkije (US$6,9 miljard), in India (US$5,8 miljard), in Polen (US$4,6 miljard), in Finland (US$2,8 miljard), in Tsjecho-Slowakije (US$2,4 miljard) en in Roemenië (US$1,2 miljard); maar minder dan in Japan (US$90,3 miljard). De toegevoegde waarde van de handel per hoofd in de Sovjet-Unie was groter dan in Turkije (US$177,5), in Tsjecho-Slowakije (US$159,4), in Polen (US$135,7), in Roemenië (US$57,9), in China (US$12,2) en in India (US$9,4); maar minder dan in Japan (US$811,1) en in Finland (US$603,5). De groei van de handel in de Sovjet-Unie was groter dan in India (4,1%) en in Finland (3,4%); maar minder dan in Roemenië (10,2%), in Japan (8,2%), in Turkije (7,1%), in Tsjecho-Slowakije (6,6%), in China (6,1%) en in Polen (6,0%).

Vergelijking met leiders. De waarde van de handel in de Sovjet-Unie was groter dan in Duitsland (US$61,1 miljard), in Frankrijk (US$40,9 miljard) en in het Verenigd Koninkrijk (US$32,7 miljard); maar minder dan in de Verenigde Staten (US$278,3 miljard) en in Japan (US$90,3 miljard). De waarde van de handel per hoofd in de Sovjet-Unie was minder dan in de Verenigde Staten (US$1.275,1), in Japan (US$811,1), in Duitsland (US$775,5), in Frankrijk (US$762,4) en in het Verenigd Koninkrijk (US$584,0). De groei van de handel in de Sovjet-Unie was groter dan in Frankrijk (3,9%), in de Verenigde Staten (3,9%), in Duitsland (3,0%) en in het Verenigd Koninkrijk (1,9%); maar minder dan in Japan (8,2%).

de jaren 1980

De toegevoegde waarde van de handel in de Sovjet-Unie bedroeg in de jaren 1980 US$112,3 miljard per jaar, stond op de 4e plaats in de wereld. Het aandeel in de wereld was 5,3%, en 15,9% in Europa.

Het aandeel van de handel in de economie van de Sovjet-Unie was 12,7% in de jaren 1980, stond op de 128e plaats in de wereld, en was vergelijkbaar met Zuidelijk Afrika (12,7%), Ecuador (12,6%).

De waarde van de handel per hoofd in de Sovjet-Unie was $408,1 in de jaren 1980s, stond op de 68e plaats in de wereld, en was vergelijkbaar met Zuid-Korea (US$409,3). De handel per hoofd in de Sovjet-Unie was 6,8% lager dan de handel per hoofd van de bevolking in de wereld ($437,7), en was in 2,3 keer lager dan de handel per hoofd van de bevolking in Europa ($437,7).

De groei van de handel in de Sovjet-Unie bedroeg -0.6% in de jaren 1980, stond op de 165e plaats in de wereld. De groei van de handel in de Sovjet-Unie (-0,62%) was minder dan de groei van de handel in de wereld (3,3%), was minder dan de groei van de handel in Europa (1,9%).

Vergelijking met buren. De sector van de handel in de Sovjet-Unie was 4,2 keer groter dan in China (US$26,8 miljard), 6,7 keer groter dan in India (US$16,8 miljard), 7,4 keer groter dan in Turkije (US$15,3 miljard), 14,0 keer groter dan in Finland (US$8,0 miljard), 16,9 keer groter dan in Polen (US$6,7 miljard), 19,3 keer groter dan in Tsjecho-Slowakije (US$5,8 miljard) en 43,2 keer groter dan in Roemenië (US$2,6 miljard); maar 2,5 keer minder dan in Japan (US$277,3 miljard). De toegevoegde waarde van de handel per hoofd in de Sovjet-Unie was 8,7% groter dan in Tsjecho-Slowakije (US$375,3), 29,9% groter dan in Turkije (US$314,2), 2,3 keer groter dan in Polen (US$180,5), 3,6 keer groter dan in Roemenië (US$112,8), 16,3 keer groter dan in China (US$25,0) en 18,8 keer groter dan in India (US$21,7); maar 5,6 keer minder dan in Japan (US$2,3 duizend) en 4,0 keer minder dan in Finland (US$1.641,9). De groei van de handel in de Sovjet-Unie was minder dan in China (12,7%), in India (6,1%), in Turkije (5,9%), in Japan (4,9%), in Finland (4,2%), in Tsjecho-Slowakije (3,8%), in Roemenië (2,5%) en in Polen (1,6%).

Vergelijking met leiders. De sector van de handel in de Sovjet-Unie was 17,4% groter dan in Italië (US$95,7 miljard) en 27,1% groter dan in Frankrijk (US$88,3 miljard); maar 5,8 keer minder dan in de Verenigde Staten (US$653,3 miljard), 2,5 keer minder dan in Japan (US$277,3 miljard) en 3,8% minder dan in Duitsland (US$116,7 miljard). De waarde van de handel per hoofd in de Sovjet-Unie was 6,7 keer minder dan in de Verenigde Staten (US$2,7 duizend), 5,6 keer minder dan in Japan (US$2,3 duizend), 4,1 keer minder dan in Italië (US$1.684,2), 3,8 keer minder dan in Frankrijk (US$1.563,0) en 3,7 keer minder dan in Duitsland (US$1.496,0). De groei van de handel in de Sovjet-Unie was minder dan in Japan (4,9%), in de Verenigde Staten (4,4%), in Frankrijk (2,6%), in Italië (2,3%) en in Duitsland (1,8%).

Hoofdstuk IX. Diensten

(ISIC J-P)

De sector van de diensten in de Sovjet-Unie steeg van US$168,3 miljard per jaar in de jaren 1970 tot US$231,9 miljard per jaar in de jaren 1980, dat wil zeggen met US$63,6 miljard of 37,8%. De verandering vond plaats op -US$80,6 miljard als gevolg van een 1,3-voudige daling van de prijzen, en ook op US$128,9 miljard als gevolg van een 1,7-voudige toename van de productiviteit , evenals op US$15,4 miljard als gevolg van de toename van de bevolking. De gemiddelde jaarlijkse groei van de diensten is 5,3%. De minimumwaarde van de diensten bedroeg US$111,3 miljard in 1970. De maximumwaarde van de diensten bedroeg US$250,1 miljard in 1983.

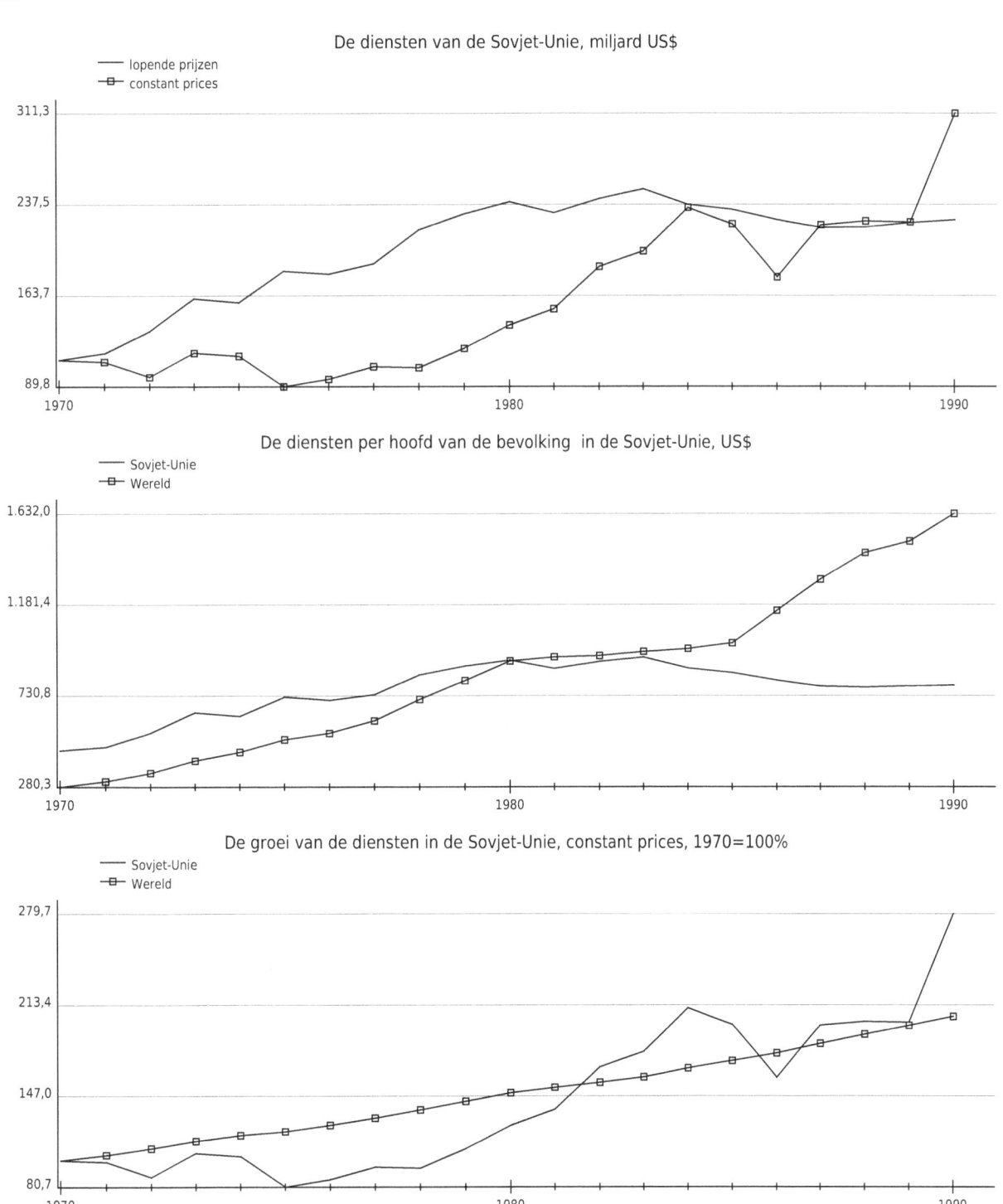

De diensten van de Sovjet-Unie, miljard US$

De diensten per hoofd van de bevolking in de Sovjet-Unie, US$

De groei van de diensten in de Sovjet-Unie, constant prices, 1970=100%

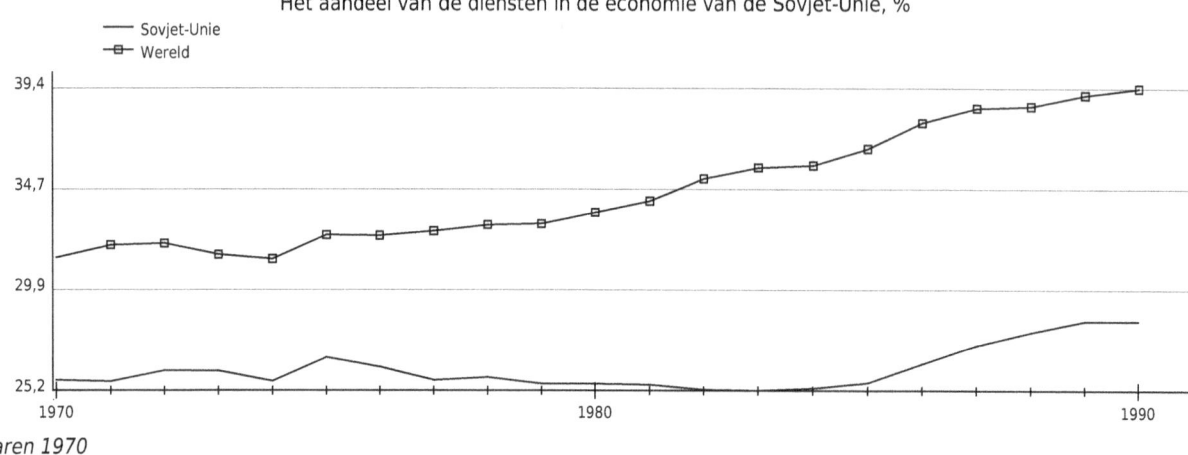

Het aandeel van de diensten in de economie van de Sovjet-Unie, %

de jaren 1970

De diensten van de Sovjet-Unie bedroegen in de jaren 1970 US$168,3 miljard per jaar, stonden op de 2e plaats in de wereld. Het aandeel in de wereld was 8,2%, en 20,5% in Europa.

Het aandeel van de diensten in de economie van de Sovjet-Unie was 25,9% in de jaren 1970, stonden op de 109e plaats in de wereld, en was vergelijkbaar met de Centraal-Afrikaanse Republiek (26,0%), Centraal-Afrika (26,0%), Vietnam (26,0%).

De toegevoegde waarde van de diensten per hoofd in de Sovjet-Unie was $667,3 in de jaren 1970s, stond op de 49e plaats in de wereld, en was vergelijkbaar met Tsjecho-Slowakije (US$669,4), Barbados (US$658,5), Libanon (US$654,7). De toegevoegde waarde van de diensten per hoofd in de Sovjet-Unie was 31,7% hoger dan de diensten per hoofd van de bevolking in de wereld ($506,9), en was 41,0% lager dan de diensten per hoofd van de bevolking in Europa ($506,9).

De groei van de diensten in de Sovjet-Unie bedroeg 0.9% in de jaren 1970, stond op de 175e plaats in de wereld. De groei van de diensten in de Sovjet-Unie (0,90%) was minder dan de groei van de diensten in de wereld (4,1%), was minder dan de groei van de diensten in Europa (3,7%).

Vergelijking met buren. De waarde van de diensten in de Sovjet-Unie was groter dan in Japan (US$153,8 miljard), in India (US$22,5 miljard), in China (US$17,8 miljard), in Turkije (US$11,6 miljard), in Tsjecho-Slowakije (US$9,9 miljard), in Polen (US$9,5 miljard), in Finland (US$6,9 miljard) en in Roemenië (US$3,9 miljard). De waarde van de diensten per hoofd in de Sovjet-Unie was groter dan in Turkije (US$298,8), in Polen (US$280,3), in Roemenië (US$183,0), in India (US$36,4) en in China (US$19,5); maar minder dan in Finland (US$1.460,1), in Japan (US$1.381,3) en in Tsjecho-Slowakije (US$669,4). De groei van de diensten in de Sovjet-Unie was minder dan in Roemenië (9,8%), in Japan (5,9%), in Polen (5,9%), in China (5,5%), in Tsjecho-Slowakije (4,9%), in Turkije (4,4%), in India (4,3%) en in Finland (4,2%).

Vergelijking met leiders. De waarde van de diensten in de Sovjet-Unie was groter dan in Japan (US$153,8 miljard), in Duitsland (US$150,2 miljard), in Frankrijk (US$121,8 miljard) en in het Verenigd Koninkrijk (US$94,4 miljard); maar minder dan in de Verenigde Staten (US$674,4 miljard). De toegevoegde waarde van de diensten per hoofd in de Sovjet-Unie was minder dan in de Verenigde Staten (US$3,1 duizend), in Frankrijk (US$2,3 duizend), in Duitsland (US$1.907,6), in het Verenigd Koninkrijk (US$1.684,4) en in Japan (US$1.381,3). De groei van de diensten in de Sovjet-Unie was minder dan in Japan (5,9%), in Duitsland (4,8%), in Frankrijk (3,9%), in de Verenigde Staten (3,3%) en in het Verenigd Koninkrijk (2,8%).

de jaren 1980

De toegevoegde waarde van de diensten in de Sovjet-Unie bedroeg in de jaren 1980 US$231,9 miljard per jaar, stond op de 6e plaats in de wereld. Het aandeel in de wereld was 4,3%, en 12,3% in Europa.

Het aandeel van de diensten in de economie van de Sovjet-Unie was 26,1% in de jaren 1980, stond op de 115e plaats in de wereld, en was vergelijkbaar met Zuid-Azië (25,9%).

De diensten per hoofd in de Sovjet-Unie waren $842,7 in de jaren 1980s, stonden op de 70e plaats in de wereld, en waren vergelijkbaar met Fiji (US$856,8). De waarde van de diensten per hoofd in de Sovjet-Unie was 24,5% lager dan de diensten per hoofd van de bevolking in de wereld ($1.115,5), en was in 2,9 keer lager dan de diensten per hoofd van de bevolking in Europa ($1.115,5).

De groei van de diensten in de Sovjet-Unie bedroeg 6.3% in de jaren 1980, stond op de 34e plaats in de wereld, en was vergelijkbaar met Burkina Faso (6,3%), Pakistan (6,4%), Frans-Polynesië (6,4%). De groei van de diensten in de Sovjet-Unie (6,3%) was groter dan de groei van de diensten in de wereld (3,3%), was groter dan de groei van de diensten in Europa (3,0%).

Vergelijking met buren. De toegevoegde waarde van de diensten in de Sovjet-Unie was 4,5 keer groter dan in India (US$51,5 miljard), 4,9 keer groter dan in China (US$47,3 miljard), 10,9 keer groter dan in Finland (US$21,3 miljard), 11,9 keer groter dan in Turkije (US$19,5 miljard), 12,6 keer groter dan in Tsjecho-Slowakije (US$18,4 miljard), 16,8 keer groter dan in Polen (US$13,8 miljard) en 27,5 keer groter dan in Roemenië (US$8,4 miljard); maar 2,7 keer minder dan in Japan (US$619,9 miljard). De waarde van de diensten per hoofd in de Sovjet-Unie was 2,1 keer groter dan in Turkije (US$401,7), 2,3 keer groter dan in Polen (US$373,6), 2,3 keer groter dan in Roemenië (US$365,9), 12,7 keer groter dan in India (US$66,3) en 19,1 keer groter dan in China (US$44,1); maar 6,1 keer minder dan in Japan (US$5,1 duizend), 5,2 keer minder dan in Finland (US$4,4 duizend) en 29,1% minder dan in Tsjecho-Slowakije (US$1.188,9). De groei van de diensten in de Sovjet-Unie was groter dan in Japan (4,8%), in Roemenië (3,8%), in Finland (3,7%), in Turkije (2,6%), in Tsjecho-Slowakije (2,2%) en in Polen (-0,64%); maar minder dan in China (13,7%) en in India (6,7%).

Vergelijking met leiders. De toegevoegde waarde van de diensten in de Sovjet-Unie was 8,1 keer minder dan in de Verenigde Staten (US$1,9 biljoen), 2,7 keer minder dan in Japan (US$619,9 miljard), 36,0% minder dan in Duitsland (US$362,2 miljard), 21,3% minder dan in Frankrijk (US$294,5 miljard) en 12,6% minder dan in het Verenigd Koninkrijk (US$265,4 miljard). De sector van de diensten per hoofd in de Sovjet-Unie was 9,3 keer minder dan in de Verenigde Staten (US$7,8 duizend), 6,2 keer minder dan in Frankrijk (US$5,2 duizend), 6,1 keer minder dan in Japan (US$5,1 duizend), 5,6 keer minder dan in het Verenigd Koninkrijk (US$4,7 duizend) en 5,5 keer minder dan in Duitsland (US$4,6 duizend). De groei van de diensten in de Sovjet-Unie was groter dan in Japan (4,8%), in het Verenigd Koninkrijk (3,3%), in Duitsland (3,1%), in de Verenigde Staten (2,8%) en in Frankrijk (2,3%).

Part III. Verbruik

Hoofdstuk X. Overheidsuitgaven

Consumptie-uitgaven van de overheid

De overheidsuitgaven van de Sovjet-Unie steeg van US$117,3 miljard per jaar in de jaren 1970 tot US$181,1 miljard per jaar in de jaren 1980, dat wil zeggen met US$63,8 miljard of 54,4%. De verandering vond plaats op -US$24,9 miljard als gevolg van een 1,1-voudige daling van de prijzen, en ook op US$78,0 miljard als gevolg van een 1,6-voudige toename van het tarief per hoofd , evenals op US$10,7 miljard als gevolg van de toename van de bevolking. De gemiddelde jaarlijkse groei van de overheidsuitgaven is 6,4%. De minimumwaarde van de overheidsuitgaven bedroeg US$67,3 miljard in 1970. De maximumwaarde van de overheidsuitgaven bedroeg US$198,7 miljard in 1983.

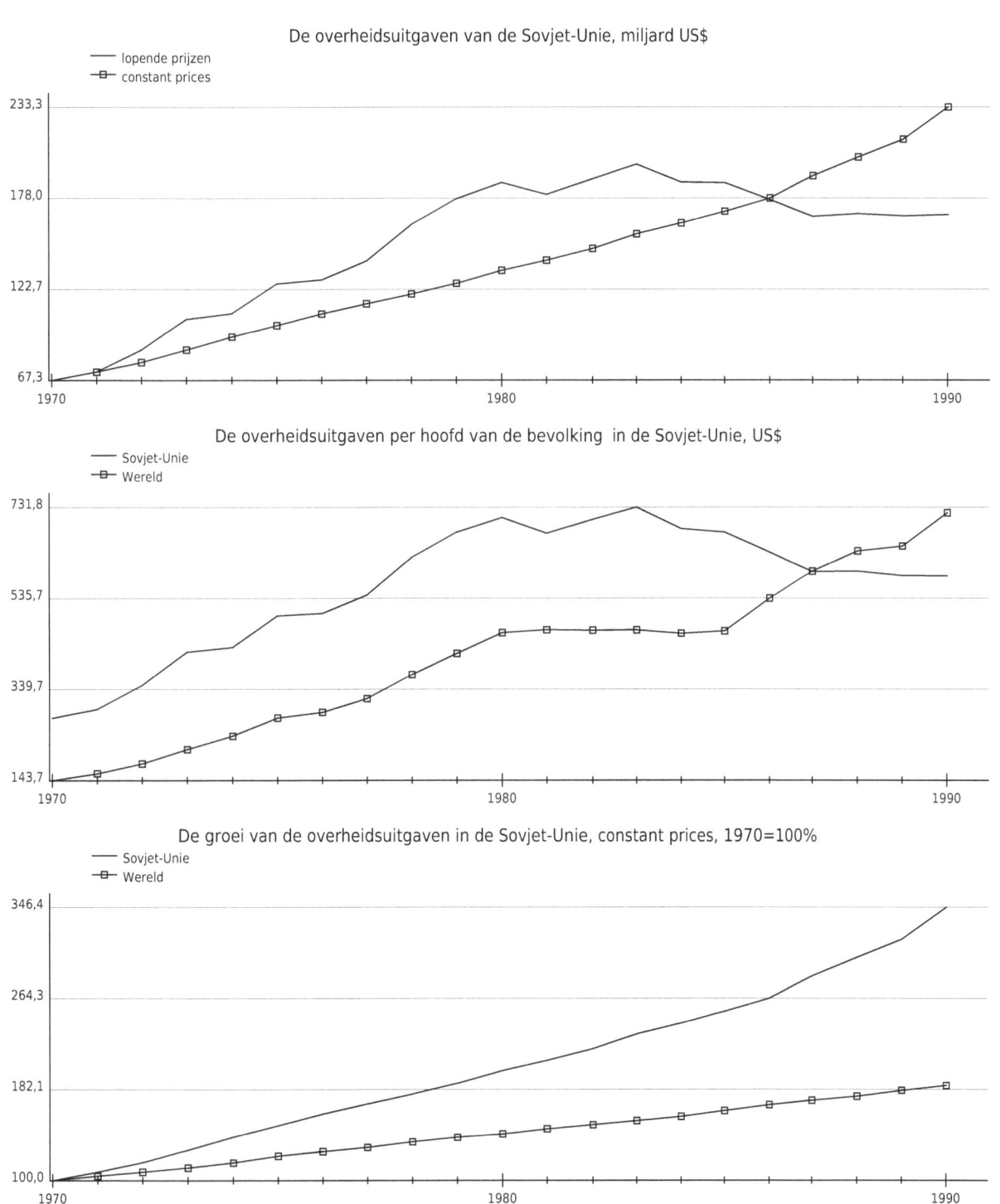

De overheidsuitgaven van de Sovjet-Unie, miljard US$

De overheidsuitgaven per hoofd van de bevolking in de Sovjet-Unie, US$

De groei van de overheidsuitgaven in de Sovjet-Unie, constant prices, 1970=100%

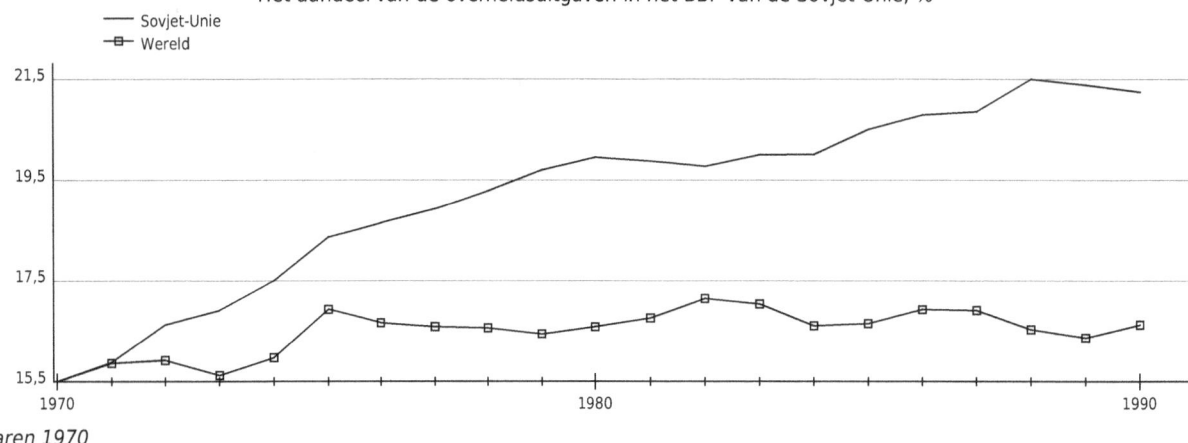

Het aandeel van de overheidsuitgaven in het BBP van de Sovjet-Unie, %

de jaren 1970

De overheidsuitgaven van de Sovjet-Unie bedroeg in de jaren 1970 US$117,3 miljard per jaar, stond op de 2e plaats in de wereld. Het aandeel in de wereld was 11,0%, en 23,8% in Europa.

Het aandeel van de overheidsuitgaven in het BBP van de Sovjet-Unie was 18,1% in de jaren 1970, stond op de 68e plaats in de wereld, en was vergelijkbaar met Oost-Europa (18,0%), Noord-Afrika (17,9%).

De overheidsuitgaven per hoofd in de Sovjet-Unie was $465,0 in de jaren 1970s, stond op de 45e plaats in de wereld, en was vergelijkbaar met Griekenland (US$454,9). De overheidsuitgaven per hoofd in de Sovjet-Unie was 75,3% hoger dan de overheidsuitgaven per hoofd van de bevolking in de wereld ($265,2), en was 31,5% lager dan de overheidsuitgaven per hoofd van de bevolking in Europa ($265,2).

De groei van de overheidsuitgaven in de Sovjet-Unie bedroeg 7.2% in de jaren 1970, stond op de 58e plaats in de wereld, en was vergelijkbaar met Turkije (7,2%), de Filipijnen (7,3%), Noord-Afrika (7,3%). De groei van de overheidsuitgaven in de Sovjet-Unie (7,2%) was groter dan de groei van de overheidsuitgaven in de wereld (3,7%), was groter dan de groei van de overheidsuitgaven in Europa (4,5%).

Vergelijking met buren. De overheidsuitgaven van de Sovjet-Unie was groter dan in Japan (US$78,0 miljard), in China (US$19,4 miljard), in Polen (US$9,7 miljard), in India (US$9,3 miljard), in Turkije (US$6,0 miljard), in Tsjecho-Slowakije (US$5,4 miljard), in Finland (US$4,3 miljard) en in Roemenië (US$4,0 miljard). De overheidsuitgaven per hoofd in de Sovjet-Unie was groter dan in Tsjecho-Slowakije (US$363,6), in Polen (US$286,0), in Roemenië (US$185,4), in Turkije (US$153,2), in China (US$21,2) en in India (US$15,1); maar minder dan in Finland (US$925,2) en in Japan (US$700,2). De groei van de overheidsuitgaven in de Sovjet-Unie was groter dan in Turkije (7,2%), in Tsjecho-Slowakije (7,0%), in Polen (6,2%), in Japan (5,3%), in Finland (5,3%) en in India (4,5%); maar minder dan in Roemenië (10,6%) en in China (9,3%).

Vergelijking met leiders. De overheidsuitgaven van de Sovjet-Unie was groter dan in Duitsland (US$95,6 miljard), in Japan (US$78,0 miljard), in Frankrijk (US$64,5 miljard) en in het Verenigd Koninkrijk (US$47,5 miljard); maar minder dan in de Verenigde Staten (US$285,9 miljard). De overheidsuitgaven per hoofd in de Sovjet-Unie was minder dan in de Verenigde Staten (US$1.310,2), in Duitsland (US$1.213,7), in Frankrijk (US$1.202,3), in het Verenigd Koninkrijk (US$847,9) en in Japan (US$700,2). De groei van de overheidsuitgaven in de Sovjet-Unie was groter dan in Japan (5,3%), in Frankrijk (5,0%), in Duitsland (4,4%), in het Verenigd Koninkrijk (2,5%) en in de Verenigde Staten (0,94%).

de jaren 1980

De overheidsuitgaven van de Sovjet-Unie bedroeg in de jaren 1980 US$181,1 miljard per jaar, stond op de 4e plaats in de wereld. Het aandeel in de wereld was 7,2%, en 16,8% in Europa.

Het aandeel van de overheidsuitgaven in het BBP van de Sovjet-Unie was 20,4% in de jaren 1980, stond op de 54e plaats in de wereld, en was vergelijkbaar met Hongarije (20,4%), Koeweit (20,5%), Burkina Faso (20,3%).

De overheidsuitgaven per hoofd in de Sovjet-Unie was $658,0 in de jaren 1980s, stond op de 61e plaats in de wereld, en was vergelijkbaar met Zuidwest-Azië (US$664,1), de FS van Micronesië (US$651,4), Malta (US$666,9). De overheidsuitgaven per hoofd in de Sovjet-Unie was 25,7% hoger dan de overheidsuitgaven per hoofd van de bevolking in de wereld ($523,5), en was in 2,1 keer lager dan de overheidsuitgaven per hoofd van de bevolking in Europa ($523,5).

De groei van de overheidsuitgaven in de Sovjet-Unie bedroeg 5.4% in de jaren 1980, stond op de 44e plaats in de wereld. De groei van de overheidsuitgaven in de Sovjet-Unie (5,4%) was groter dan de groei van de overheidsuitgaven in de wereld (2,7%), was groter dan de groei van de overheidsuitgaven in Europa (2,3%).

Vergelijking met buren. De overheidsuitgaven van de Sovjet-Unie was 4,1 keer groter dan in China (US$44,6 miljard), 6,9 keer groter dan in India (US$26,2 miljard), 13,0 keer groter dan in Polen (US$13,9 miljard), 13,2 keer groter dan in Finland (US$13,7 miljard), 14,8 keer groter dan in Tsjecho-Slowakije (US$12,3 miljard), 23,1 keer groter dan in Turkije (US$7,8 miljard) en 33,6 keer groter dan in Roemenië (US$5,4 miljard); maar 29,7% minder dan in Japan (US$257,4 miljard). De overheidsuitgaven per hoofd in de Sovjet-Unie was 74,0% groter dan in Polen (US$378,2), 2,8 keer groter dan in Roemenië (US$233,7), 4,1 keer groter dan in Turkije (US$161,2), 15,8 keer groter dan in China (US$41,6) en 19,5 keer groter dan in India (US$33,8); maar 4,3 keer minder dan in Finland (US$2,8 duizend), 3,2 keer minder dan in Japan (US$2,1 duizend) en 16,9% minder dan in Tsjecho-Slowakije (US$791,7). De groei van de overheidsuitgaven in de Sovjet-Unie was groter dan in Tsjecho-Slowakije (4,1%), in Finland (3,7%), in Japan (3,5%), in Polen (-0,61%) en in Roemenië (-3,3%); maar minder dan in China (8,2%), in India (6,9%) en in Turkije (5,8%).

Vergelijking met leiders. De overheidsuitgaven van de Sovjet-Unie was 13,3% groter dan in Frankrijk (US$159,8 miljard) en 43,4% groter dan in het Verenigd Koninkrijk (US$126,3 miljard); maar 3,7 keer minder dan in de Verenigde Staten (US$665,3 miljard), 29,7% minder dan in Japan (US$257,4 miljard) en 11,1% minder dan in Duitsland (US$203,7 miljard). De overheidsuitgaven per hoofd in de Sovjet-Unie was 4,3 keer minder dan in Frankrijk (US$2,8 duizend), 4,2 keer minder dan in de Verenigde Staten (US$2,8 duizend), 4,0 keer minder dan in Duitsland (US$2,6 duizend), 3,4 keer minder dan in het Verenigd Koninkrijk (US$2,2 duizend) en 3,2 keer minder dan in Japan (US$2,1 duizend). De groei van de overheidsuitgaven in de Sovjet-Unie was groter dan in Japan (3,5%), in Frankrijk (2,8%), in de Verenigde Staten (2,6%), in Duitsland (0,98%) en in het Verenigd Koninkrijk (0,76%).

Hoofdstuk XI. Huishoudelijke uitgaven

Consumptieve bestedingen van de huishoudens

De huishoudelijke uitgaven van de Sovjet-Unie steeg van US$310,6 miljard per jaar in de jaren 1970 tot US$424,6 miljard per jaar in de jaren 1980, dat wil zeggen met US$114,0 miljard of 36,7%. De verandering vond plaats op -US$20,7 miljard als gevolg van een 1,0-voudige daling van de prijzen, en ook op US$106,3 miljard als gevolg van een 1,3-voudige toename van het tarief per hoofd , evenals op US$28,4 miljard als gevolg van de toename van de bevolking. De gemiddelde jaarlijkse groei van de huishoudelijke uitgaven is 4,1%. De minimumwaarde van de huishoudelijke uitgaven bedroeg US$204,5 miljard in 1970. De maximumwaarde van de huishoudelijke uitgaven bedroeg US$471,7 miljard in 1983.

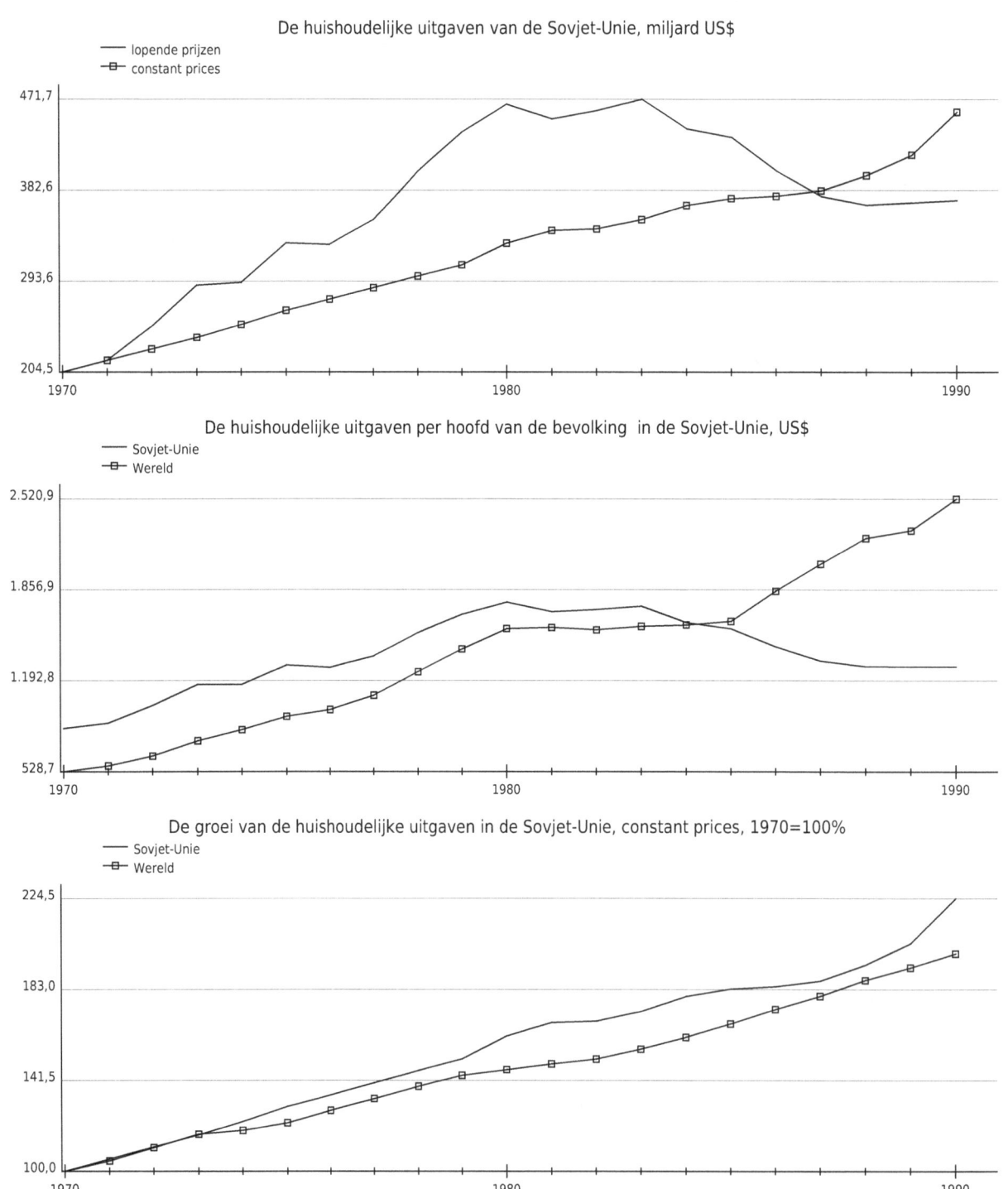

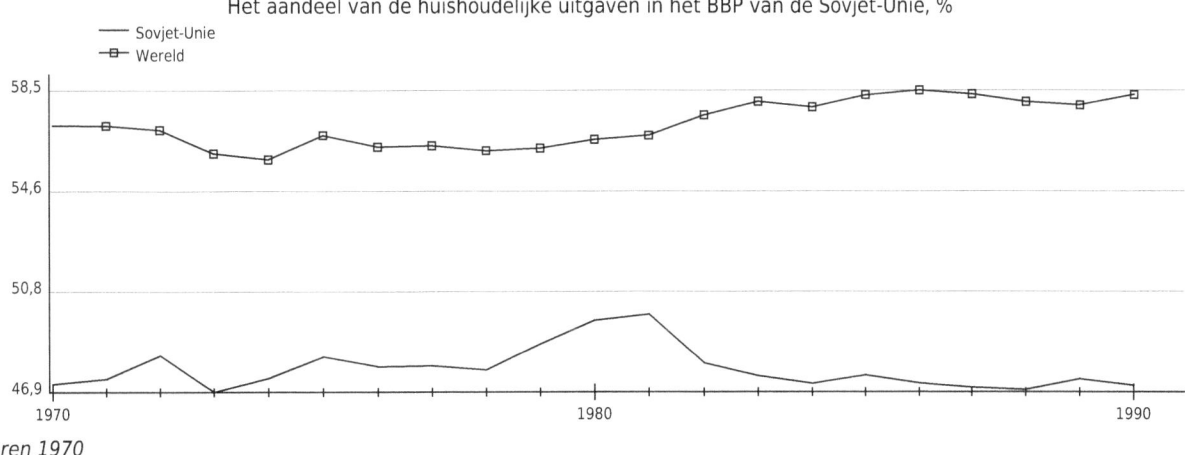

Het aandeel van de huishoudelijke uitgaven in het BBP van de Sovjet-Unie, %

de jaren 1970

De huishoudelijke uitgaven van de Sovjet-Unie bedroeg in de jaren 1970 US$310,6 miljard per jaar, stond op de 2e plaats in de wereld. Het aandeel in de wereld was 8,4%, en 21,0% in Europa.

Het aandeel van de huishoudelijke uitgaven in het BBP van de Sovjet-Unie was 47,8% in de jaren 1970, stond op de 164e plaats in de wereld, en was vergelijkbaar met Tsjecho-Slowakije (47,7%), Hongarije (47,7%).

De huishoudelijke uitgaven per hoofd in de Sovjet-Unie was $1.231,6 in de jaren 1970s, stond op de 50e plaats in de wereld. De huishoudelijke uitgaven per hoofd in de Sovjet-Unie was 34,6% hoger dan de huishoudelijke uitgaven per hoofd van de bevolking in de wereld ($914,8), en was 39,7% lager dan de huishoudelijke uitgaven per hoofd van de bevolking in Europa ($914,8).

De groei van de huishoudelijke uitgaven in de Sovjet-Unie bedroeg 4.7% in de jaren 1970, stond op de 74e plaats in de wereld, en was vergelijkbaar met Vietnam (4,7%), Guinee-Bissau (4,7%), Bahrein (4,7%). De groei van de huishoudelijke uitgaven in de Sovjet-Unie (4,7%) was groter dan de groei van de huishoudelijke uitgaven in de wereld (4,1%), was groter dan de groei van de huishoudelijke uitgaven in Europa (3,7%).

Vergelijking met buren. De huishoudelijke uitgaven van de Sovjet-Unie was groter dan in Japan (US$280,9 miljard), in China (US$79,3 miljard), in India (US$77,8 miljard), in Turkije (US$41,3 miljard), in Polen (US$30,8 miljard), in Finland (US$13,7 miljard), in Tsjecho-Slowakije (US$13,4 miljard) en in Roemenië (US$11,7 miljard). De huishoudelijke uitgaven per hoofd in de Sovjet-Unie was groter dan in Turkije (US$1.063,6), in Tsjecho-Slowakije (US$909,5), in Polen (US$909,5), in Roemenië (US$545,0), in India (US$126,1) en in China (US$86,8); maar minder dan in Finland (US$2,9 duizend) en in Japan (US$2,5 duizend). De groei van de huishoudelijke uitgaven in de Sovjet-Unie was groter dan in China (4,3%), in Finland (3,3%) en in India (2,7%); maar minder dan in Roemenië (8,6%), in Polen (5,8%), in Japan (5,1%), in Turkije (5,0%) en in Tsjecho-Slowakije (4,9%).

Vergelijking met leiders. De huishoudelijke uitgaven van de Sovjet-Unie was groter dan in Japan (US$280,9 miljard), in Duitsland (US$277,8 miljard), in Frankrijk (US$180,7 miljard) en in het Verenigd Koninkrijk (US$159,2 miljard); maar minder dan in de Verenigde Staten (US$1,0 biljoen). De huishoudelijke uitgaven per hoofd in de Sovjet-Unie was minder dan in de Verenigde Staten (US$4,7 duizend), in Duitsland (US$3,5 duizend), in Frankrijk (US$3,4 duizend), in het Verenigd Koninkrijk (US$2,8 duizend) en in Japan (US$2,5 duizend). De groei van de huishoudelijke uitgaven in de Sovjet-Unie was groter dan in Frankrijk (4,0%), in de Verenigde Staten (3,6%), in Duitsland (3,6%) en in het Verenigd Koninkrijk (2,5%); maar minder dan in Japan (5,1%).

de jaren 1980

De huishoudelijke uitgaven van de Sovjet-Unie bedroeg in de jaren 1980 US$424,6 miljard per jaar, stond op de 4e plaats in de wereld, en was vergelijkbaar met het Verenigd Koninkrijk (US$416,5 miljard). Het aandeel in de wereld was 4,9%, en 13,9% in Europa.

Het aandeel van de huishoudelijke uitgaven in het BBP van de Sovjet-Unie was 47,9% in de jaren 1980, stond op de 165e plaats in de wereld.

De huishoudelijke uitgaven per hoofd in de Sovjet-Unie was $1.542,8 in de jaren 1980s, stond op de 71e plaats in de wereld, en was vergelijkbaar met Joegoslavië (US$1.547,8), de Caraïben (US$1.517,8), Iran (US$1.516,2). De huishoudelijke uitgaven per hoofd in de Sovjet-Unie was 14,7% lager dan de huishoudelijke uitgaven per hoofd van de bevolking in de wereld ($1.808,0), en was in 2,6 keer lager dan de huishoudelijke uitgaven per hoofd van de bevolking in Europa ($1.808,0).

De groei van de huishoudelijke uitgaven in de Sovjet-Unie bedroeg 3% in de jaren 1980, stond op de 82e plaats in de wereld, en was vergelijkbaar met Melanesië (3,0%), IJsland (3,0%), Oost-Afrika (3,0%). De groei van de huishoudelijke uitgaven in de Sovjet-Unie (3,0%) was groter dan de groei van de huishoudelijke uitgaven in de wereld (3,0%), was groter dan de groei van de huishoudelijke uitgaven in Europa (2,3%).

Vergelijking met buren. De huishoudelijke uitgaven van de Sovjet-Unie was 2,4 keer groter dan in India (US$176,1 miljard), 2,5 keer groter dan in China (US$169,3 miljard), 6,2 keer groter dan in Turkije (US$68,3 miljard), 10,4 keer groter dan in Polen (US$40,7 miljard), 11,6 keer groter dan in Finland (US$36,7 miljard), 15,3 keer groter dan in Roemenië (US$27,7 miljard) en 17,1 keer groter dan in Tsjecho-Slowakije (US$24,8 miljard); maar 2,2 keer minder dan in Japan (US$945,6 miljard). De huishoudelijke uitgaven per hoofd in de Sovjet-Unie was 9,6% groter dan in Turkije (US$1.407,3), 28,3% groter dan in Roemenië (US$1.202,3), 39,8% groter dan in Polen (US$1.103,6), 6,8 keer groter dan in India (US$226,8) en 9,8 keer groter dan in China (US$157,8); maar 5,1 keer minder dan in Japan (US$7,8 duizend), 4,9 keer minder dan in Finland (US$7,5 duizend) en 3,8% minder dan in Tsjecho-Slowakije (US$1.604,1). De groei van de huishoudelijke uitgaven in de Sovjet-Unie was groter dan in Turkije (2,4%), in Roemenië (2,2%), in Tsjecho-Slowakije (1,8%) en in Polen (-0,10%); maar minder dan in China (8,8%), in India (4,7%), in Finland (3,9%) en in Japan (3,7%).

Vergelijking met leiders. De huishoudelijke uitgaven van de Sovjet-Unie was 1,9% groter dan in het Verenigd Koninkrijk (US$416,5 miljard) en 4,1% groter dan in Frankrijk (US$408,1 miljard); maar 6,1 keer minder dan in de Verenigde Staten (US$2,6 biljoen), 2,2 keer minder dan in Japan (US$945,6 miljard) en 26,2% minder dan in Duitsland (US$575,7 miljard). De huishoudelijke uitgaven per hoofd in de Sovjet-Unie was 7,1 keer minder dan in de Verenigde Staten (US$10,9 duizend), 5,1 keer minder dan in Japan (US$7,8 duizend), 4,8 keer minder dan in Duitsland (US$7,4 duizend), 4,8 keer minder dan in het Verenigd Koninkrijk (US$7,4 duizend) en 4,7 keer minder dan in Frankrijk (US$7,2 duizend). De groei van de huishoudelijke uitgaven in de Sovjet-Unie was groter dan in Frankrijk (2,3%) en in Duitsland (1,8%); maar minder dan in Japan (3,7%), in het Verenigd Koninkrijk (3,5%) en in de Verenigde Staten (3,2%).

Hoofdstuk XII. Voedsel consumptie

Tijdens de onderzoeksperiode groeide de voedselconsumptie in stimulerende middelen (met 48,2%), eieren (met 28,7%), plantaardige oliën (met 27,1%), specerijen (met 25,7%), fruit (met 18,5%), noten (met 18,1%), vlees (met 15,2%), groenten (met 11,3%), suiker (met 8,5%), vis (met 7,4%), maar daalde in alcoholische dranken (met 6,6%), granen (met 7,8%), melk (met 8,5%), zetmeelrijke wortels (met 14,9%), peulvruchten (met 60,7%).

de jaren 1970

De consumptie van kcal in de Sovjet-Unie was 3.353,4 kcal/hoofd/dag in the 1970s, stond op de 8e plaats in de wereld, and was on a par with Tsjecho-Slowakije (3.355,2 kcal/hoofd/dag), Oost-Europa (3.356,6 kcal/hoofd/dag). De consumptie van kcal in de Sovjet-Unie was groter dan in de wereld (2.403,2 kcal/hoofd/dag), en was groter dan in Europa (3.283,8 kcal/hoofd/dag). De structuur van de consumptie: granen (39.9%), suiker (13.1%), vlees (8.6%), melk (8.2%), zetmeelrijke wortels (6.6%), en anderen (23.6%).

De consumptie van eiwitten in de Sovjet-Unie was 103,8 g/hoofd/dag in the 1970s, stond op de 8e plaats in de wereld, and was on a par with Oceanië (103,8 g/hoofd/dag), Griekenland (103,9 g/hoofd/dag), Oost-Europa (102,9 g/hoofd/dag). De consumptie van eiwitten in de Sovjet-Unie was groter dan in de wereld (65,0 g/hoofd/dag), en was groter dan in Europa (98,6 g/hoofd/dag). De structuur van de consumptie: granen (40%), vlees (18.4%), melk (15.9%), vis (8.2%), zetmeelrijke wortels (5.1%), en anderen (12.4%).

De consumptie van vet in de Sovjet-Unie was 90,7 g/hoofd/dag in the 1970s, stond op de 36e plaats in de wereld, and was on a par with de Verenigde Arabische Emiraten (90,2 g/hoofd/dag). De consumptie van vet in de Sovjet-Unie was groter dan in de wereld (55,1 g/hoofd/dag), en was minder dan in Europa (109,6 g/hoofd/dag). De structuur van de consumptie: vlees (25.1%), plantaardige oliën (21.3%), melk (16.5%), granen (6.3%), eieren (3.4%), en anderen (27.4%).

Dit zijn de niveaus van voedselconsumptie op de wereldranglijst: 20e - melk (185,5 kg/hoofd/jr), 24e - eieren (11,3 kg/hoofd/jr), 27e - vis (26,2 kg/hoofd/jr), 29e - zetmeelrijke wortels (121,5 kg/hoofd/jr), 31e - vlees (56,5 kg/hoofd/jr), 32e - groenten (90,1 kg/hoofd/jr), 46e - alcoholische dranken (49,4 kg/hoofd/jr), 60e - noten (0,49 kg/hoofd/jr), 66e - plantaardige oliën (7,4 kg/hoofd/jr), 70e - specerijen (0,36 kg/hoofd/jr), 85e - peulvruchten (3,8 kg/hoofd/jr), 93e - stimulerende middelen (1,2 kg/hoofd/jr), 104e - fruit (37,6 kg/hoofd/jr).

de jaren 1980

De consumptie van kcal in de Sovjet-Unie was 3.377,5 kcal/hoofd/dag in the 1980s, stond op de 14e plaats in de wereld, and was on a par with Oost-Europa (3.369,6 kcal/hoofd/dag), West-Europa (3.386,1 kcal/hoofd/dag), Duitsland (3.367,5 kcal/hoofd/dag). De consumptie van kcal in de Sovjet-Unie was groter dan in de wereld (2.572,3 kcal/hoofd/dag), en was groter dan in Europa (3.346,9 kcal/hoofd/dag). De structuur van de consumptie: granen (37.6%), suiker (14.1%), vlees (9.7%), melk (6.9%), plantaardige oliën (6.4%), en anderen (25.3%).

De consumptie van eiwitten in de Sovjet-Unie was 105,0 g/hoofd/dag in the 1980s, stond op de 10e plaats in de wereld, and was on a par with Australazië (104,8 g/hoofd/dag), Bermuda (104,5 g/hoofd/dag), Turkije (104,1 g/hoofd/dag). De consumptie van eiwitten in de Sovjet-Unie was groter dan in de wereld (69,1 g/hoofd/dag), en was groter dan in Europa (102,3 g/hoofd/dag). De structuur van de consumptie: granen (37.8%), vlees (21.2%), melk (14.3%), vis (9.1%), zetmeelrijke wortels (4.4%), en anderen (13.2%).

De consumptie van vet in de Sovjet-Unie was 99,9 g/hoofd/dag in the 1980s, stond op de 36e plaats in de wereld, and was on a par with Polynesië (99,6 g/hoofd/dag), Kiribati (100,4 g/hoofd/dag), Micronesië (100,4 g/hoofd/dag). De consumptie van vet in de Sovjet-Unie was groter dan in de wereld (63,2 g/hoofd/dag), en was minder dan in Europa (119,5 g/hoofd/dag). De structuur van de consumptie: vlees (25.6%), plantaardige oliën (24.5%), melk (12.2%), granen (5.4%), eieren (4%), en anderen (28.3%).

Dit zijn de niveaus van voedselconsumptie op de wereldranglijst: 12e - eieren (14,5 kg/hoofd/jr), 14e - suiker (49,0 kg/hoofd/jr), 28e - granen (166,3 kg/hoofd/jr), 29e - melk (171,1 kg/hoofd/jr), 30e - vis (28,1 kg/hoofd/jr), 31e - vlees (65,1 kg/hoofd/jr), 46e - alcoholische dranken (46,4 kg/hoofd/jr), 62e - specerijen (0,46 kg/hoofd/jr), 65e - plantaardige oliën (9,5 kg/hoofd/jr), 66e - noten (0,58 kg/hoofd/jr), 72e - stimulerende middelen (1,7 kg/hoofd/jr), 106e - fruit (44,5 kg/hoofd/jr), 116e - peulvruchten (2,4 kg/hoofd/jr).

Part IV. Reproductie

Hoofdstuk XIII. Bruto-investeringen in vaste activa

De bruto-investeringen in vaste activa van de Sovjet-Unie steeg van US$214,6 miljard per jaar in de jaren 1970 tot US$271,0 miljard per jaar in de jaren 1980, dat wil zeggen met US$56,4 miljard of 26,3%. De verandering vond plaats op US$2,3 miljard als gevolg van een 1,0-voudige stijging van de prijzen, en ook op US$34,6 miljard als gevolg van een 1,1-voudige toename van het tarief per hoofd , evenals op US$19,6 miljard als gevolg van de toename van de bevolking. De gemiddelde jaarlijkse groei van de investeringen in vaste activa is 3,0%. De minimumwaarde van de investeringen in vaste activa bedroeg US$154,6 miljard in 1970. De maximumwaarde van de investeringen in vaste activa bedroeg US$321,1 miljard in 1983.

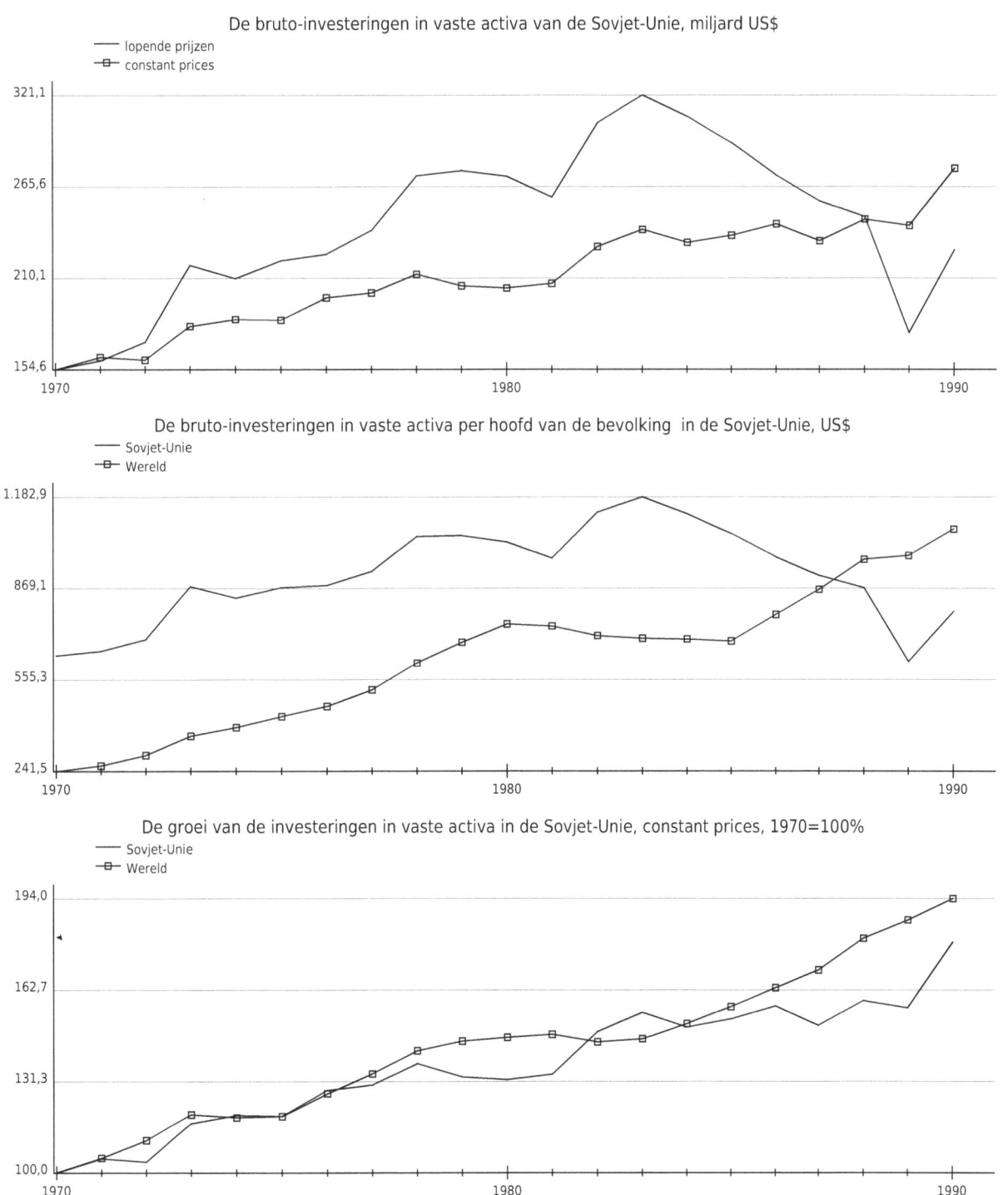

De bruto-investeringen in vaste activa van de Sovjet-Unie, miljard US$

De bruto-investeringen in vaste activa per hoofd van de bevolking in de Sovjet-Unie, US$

De groei van de investeringen in vaste activa in de Sovjet-Unie, constant prices, 1970=100%

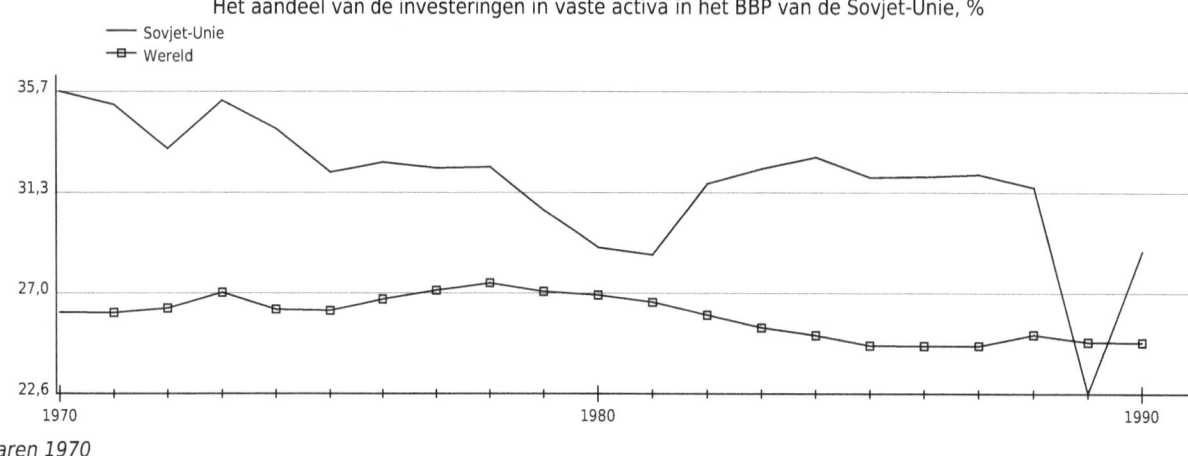

Het aandeel van de investeringen in vaste activa in het BBP van de Sovjet-Unie, %

de jaren 1970

De investeringen in vaste activa van de Sovjet-Unie bedroeg in de jaren 1970 US$214,6 miljard per jaar, stond op de 2e plaats in de wereld. Het aandeel in de wereld was 12,3%, en 29,1% in Europa.

Het aandeel van de investeringen in vaste activa in het BBP van de Sovjet-Unie was 33,0% in de jaren 1970, stond op de 28e plaats in de wereld, en was vergelijkbaar met Polynesië (33,0%), de Comoren (33,2%), Bhutan (33,2%).

De investeringen in vaste activa per hoofd de Sovjet-Unie was $850,9 in de jaren 1970s, stond op de 42e plaats in de wereld, en was vergelijkbaar met Singapore (US$833,1). De investeringen in vaste activa per hoofd in de Sovjet-Unie was 96,3% hoger dan de investeringen in vaste activa per hoofd van de bevolking in de wereld ($433,5), en was 16,4% lager dan de investeringen in vaste activa per hoofd van de bevolking in Europa ($433,5).

De groei van de investeringen in vaste activa in de Sovjet-Unie bedroeg 3.2% in de jaren 1970, stond op de 131e plaats in de wereld, en was vergelijkbaar met Gambia (3,2%). De groei van de investeringen in vaste activa in de Sovjet-Unie (3,2%) was minder dan de groei van de investeringen in vaste activa in de wereld (4,2%), was groter dan de groei van de investeringen in vaste activa in Europa (2,4%).

Vergelijking met buren. De bruto-investeringen in vaste activa van de Sovjet-Unie was groter dan in Japan (US$191,6 miljard), in China (US$43,9 miljard), in India (US$18,0 miljard), in Turkije (US$11,5 miljard), in Polen (US$10,6 miljard), in Tsjecho-Slowakije (US$7,7 miljard), in Finland (US$7,4 miljard) en in Roemenië (US$7,0 miljard). De investeringen in vaste activa per hoofd in de Sovjet-Unie was groter dan in Tsjecho-Slowakije (US$519,2), in Roemenië (US$323,1), in Polen (US$313,7), in Turkije (US$294,7), in China (US$48,0) en in India (US$29,2); maar minder dan in Japan (US$1.720,7) en in Finland (US$1.572,7). De groei van de investeringen in vaste activa in de Sovjet-Unie was groter dan in Finland (1,3%); maar minder dan in Roemenië (13,6%), in China (7,5%), in Polen (5,7%), in India (4,7%), in Tsjecho-Slowakije (4,6%), in Turkije (4,5%) en in Japan (3,9%).

Vergelijking met leiders. De investeringen in vaste activa van de Sovjet-Unie was groter dan in Japan (US$191,6 miljard), in Duitsland (US$125,8 miljard), in Frankrijk (US$82,9 miljard) en in Nigeria (US$78,2 miljard); maar minder dan in de Verenigde Staten (US$381,9 miljard). De bruto-investeringen in vaste activa per hoofd in de Sovjet-Unie was minder dan in de Verenigde Staten (US$1.750,0), in Japan (US$1.720,7), in Duitsland (US$1.597,2), in Frankrijk (US$1.545,4) en in Nigeria (US$1.240,6). De groei van de investeringen in vaste activa in de Sovjet-Unie was groter dan in Frankrijk (2,7%) en in Duitsland (1,5%); maar minder dan in Nigeria (9,1%), in de Verenigde Staten (4,4%) en in Japan (3,9%).

de jaren 1980

De bruto-investeringen in vaste activa van de Sovjet-Unie bedroeg in de jaren 1980 US$271,0 miljard per jaar, stond op de 3e plaats in de wereld. Het aandeel in de wereld was 7,1%, en 20,2% in Europa.

Het aandeel van de investeringen in vaste activa in het BBP van de Sovjet-Unie was 30,6% in de jaren 1980, stond op de 28e plaats in de wereld, en was vergelijkbaar met Venezuela (30,6%), Roemenië (30,5%), Zuid-Korea (30,7%).

De bruto-investeringen in vaste activa per hoofd in de Sovjet-Unie was $984,8 in de jaren 1980s, stond op de 58e plaats in de wereld, en was vergelijkbaar met Antigua en Barbuda (US$961,3). De bruto-investeringen in vaste activa per hoofd in de Sovjet-Unie was 24,5% hoger dan de investeringen in vaste activa per hoofd van de bevolking in de wereld ($790,9), en was 43,7% lager dan de investeringen in vaste activa per hoofd van de bevolking in Europa ($790,9).

De groei van de investeringen in vaste activa in de Sovjet-Unie bedroeg 1.7% in de jaren 1980, stond op de 108e plaats in de wereld. De groei van de investeringen in vaste activa in de Sovjet-Unie (1,7%) was minder dan de groei van de investeringen in vaste activa in de wereld (2,5%), was minder dan de groei van de investeringen in vaste activa in Europa (2,2%).

Vergelijking met buren. De investeringen in vaste activa van de Sovjet-Unie was 2,8 keer groter dan in China (US$98,1 miljard), 5,1 keer groter dan in India (US$53,5 miljard), 12,6 keer groter dan in Turkije (US$21,5 miljard), 13,7 keer groter dan in Finland (US$19,7 miljard), 17,4 keer groter dan in Roemenië (US$15,5 miljard), 17,8 keer groter dan in Polen (US$15,2 miljard) en 21,1 keer groter dan in Tsjecho-Slowakije (US$12,9 miljard); maar 2,1 keer minder dan in Japan (US$571,7 miljard). De investeringen in vaste activa per hoofd in de Sovjet-Unie was 18,6% groter dan in Tsjecho-Slowakije (US$830,4), 46,1% groter dan in Roemenië (US$674,1), 2,2 keer groter dan in Turkije (US$442,1), 2,4 keer groter dan in Polen (US$412,1), 10,8 keer groter dan in China (US$91,5) en 14,3 keer groter dan in India (US$68,9); maar 4,8 keer minder dan in Japan (US$4,7 duizend) en 4,1 keer minder dan in Finland (US$4,0 duizend). De groei van de investeringen in vaste activa in de Sovjet-Unie was groter dan in Polen (0,44%) en in Roemenië (0,041%); maar minder dan in China (7,5%), in Turkije (6,6%), in Finland (5,7%), in India (5,4%), in Japan (4,8%) en in Tsjecho-Slowakije (2,2%).

Vergelijking met leiders. De bruto-investeringen in vaste activa van de Sovjet-Unie was 13,8% groter dan in Duitsland (US$238,1 miljard), 64,9% groter dan in Frankrijk (US$164,3 miljard) en 92,7% groter dan in het Verenigd Koninkrijk (US$140,6 miljard); maar 3,5 keer minder dan in de Verenigde Staten (US$958,4 miljard) en 2,1 keer minder dan in Japan (US$571,7 miljard). De bruto-investeringen in vaste activa per hoofd in de Sovjet-Unie was 4,8 keer minder dan in Japan (US$4,7 duizend), 4,1 keer minder dan in de Verenigde Staten (US$4,0 duizend), 3,1 keer minder dan in Duitsland (US$3,1 duizend), 3,0 keer minder dan in Frankrijk (US$2,9 duizend) en 2,5 keer minder dan in het Verenigd Koninkrijk (US$2,5 duizend). De groei van de investeringen in vaste activa in de Sovjet-Unie was groter dan in Duitsland (1,4%); maar minder dan in Japan (4,8%), in het Verenigd Koninkrijk (4,1%), in de Verenigde Staten (3,1%) en in Frankrijk (2,4%).